8월의 모든 역사

세계사

세계사

8月

8월의 모든 역사

● 이종하 지음

디오네

매일매일 일어난 사건이 역사가 된다

역사란 무엇일까. 우리는 왜 역사에 관심을 갖는 것일까.

이 책을 쓰는 내내 머릿속을 맴돌던 질문이다.

아널드 토인비는 역사를 도전과 응전의 개념으로 설명한 바 있다. 그것은 인류사 전체를 아우르는 커다란 카테고리를 설명하기에는 더없이 좋은 개념이다. 그러나 미시적인 문제로 들어가면 이야기가 달라진다. 나일 강의 범람 때문에 이집트에서 태양력과 기하학, 건축술, 천문학이 발달하였다는 것은 도전과 응전으로 설명이 가능하지만, 예술사에서 보이는 사조의 뒤섞임과 되돌림은 그런 논리만으로는 설명이 안 된다.

사실 역사란 무엇인가에 대한 관심은 대학 시절 야학 교사로 역사 과목을 담당하면서 싹텄다. 교과서에 나와 있는 대로 강의를 하는 것은 죽은 교육 같았다. 살아 있는 역사를 강의해야 한다는 생각에 늘 고민이 깊었다. 야학이 문을 닫은 후에 뿌리역사문화연구회를 만든 것도 그런 고민을 해결하지 못했기 때문이다.

약 10년간 뿌리역사문화연구회를 이끌면서 '어린이와 청소년을 위한 교실 밖 역사 여행' '어린이 역사 탐험대'를 만들어 현장에서 어린이와 청소년을 만났다. 책으로 배우는 역사와 유적지의 냄새를 맡으며 배우는 역사는 느낌이 전혀 달랐다. 불이학교 등의 대안학교에서 한국사 강의를 맡았을 때도 그런 느낌은 피부로 와 닿았다.

그렇다고 역사를 현장에서만 접해야 한다는 것은 아니다. 역사 자체는 어차피 관념 속에 있는 것이며, 그것이 우리에게 구체적으로 구현되는 것은 기록을 통해서이기 때문이다. 역사는 과거이며, 그 과거는 기록으로 존재한다. 그러나 현재에 펼쳐진 과거의 기록은 현재를 해석하는 도구이고, 결국 미래를 향한다.

이 책은 매일매일 일어난 사건이 역사가 된다는 사실에 기초하여, 1월 1일부터 12월 31일까지 일어난 중요한 사건들을 날짜별로 기록한 것이다. 사건의 중요도에 따라 집필 분량을 달리하였으며, 『1월의 모든 역사 – 한국사』『1월의 모든 역사 – 세계사』처럼 매월 한국사와 세계사로 구분하였다. 1월부터 12월까지 총 24권에 걸쳐 국내외에서 일어난 중요한 역사적 사실들을 흥미진진하게 담았다.

이 책에 나와 있는 날짜는 태양력을 기준으로 하였다. 음력으로 기록된 사건이나 고대의 기록은 모두 현재 사용하는 태양력을 기준으로 환산하여 기술하였다. 고대나 중세의 사건 가운데에는 날짜가 불명확한 것도 존재한다. 그것들은 학계의 정설과 다수설에 따라 기술했음을 밝힌다.

수년에 걸친 작업이었지만 막상 책으로 엮으니 어설픈 부분이 적지 않게 눈에 들어온다. 앞으로 그것들은 차차 보완을 거쳐 이 시리즈만으로도 인류 역사의 대부분을 일견할 수 있도록 만들고 싶다.

이 책을 쓰다 보니 매일매일을 성실하게 노력하며 살아야겠다는 생각이 든다. 매일매일의 사건이 결국 역사가 되기 때문이다.

이종하

8^月

차례

8월의
모든 역사

8월 1일

■
.
■

—

1944년 8월 1일

독일 나치에 의해 '집시의 밤' 사건이 발생하다

—

유럽에서 집시들은 다양한 이름으로 불린다. 프랑스에서는 보헤미안Bohemian, 독일에서는 치고이네르Zigeuner, 스페인에서는 기타노Gitano라고 부르고 있다. 영국에서는 집시들이 이집트에서 온 사람들인 줄 알고 에집티언Egyptian이라고 불렀다가 머리글자인 'E'가 탈락하여 이후에 집시Gipsy로 굳어졌다.

하지만 집시들은 스스로를 '사람'이라는 뜻의 롬Rom, Lom · 로마Roma · 돔Dom이라고 칭한다.

집시가 유럽으로 건너온 시기와 장소는 분명하지 않다. 하지만 집시들의 언어인 로마니Romany가 언어 계통상 인도의 산스크리트어와 가까운 것으로 보아 인도 북서부 지역에 살던 집시의 조상들이 9~10세기 무렵 이슬람교도들의 박해를 피해 출발한 것으로 보인다. 그리고 14~15세기 무렵에는 이들 중 일부가 소아시아와 동유럽을 거쳐 서유럽에 나타난 것으로 추정된다.

이동 생활을 하는 집시들이 유럽에 처음에 나타났을 때 집시들은 이교도 또는 비非기독교인을 의미하는 '사라센Saracen'이라고 불렸다. 한때 집시들은 기독교를 잠시 배신하였으나 참회하고, 죗값을 치르기 위해 전 세계를 돌아다니는 고행자라는 소문이 났었다. 그래서 유럽의 왕들은 방랑하는 이들을 보호하기도 하였다.

17세기 독일의 소설가 한스 그리멜스하우젠(Hans Jakob Christoph Grimmelshausen : 1625~1676)은 집시를 다음과 같이 표현하였다.

"이방의 땅을 떠돌아다닌 이 사람들, 이들은 얼마나 용감한가. 멋진 모험으로 가득한 방랑자들, 그들은 오직 미래만 안고 다닌다."

하지만 중세에 농사를 짓고 정착 생활을 하는 유럽인에게 유랑 생활을 하는 집시들이 썩 반가운 존재만은 아니었다. 이때부터 집시에 대한 유럽인들의 편견이 시작되었다. 집시들이 어떤 못된 일들을 저지를 수 있다고 생각했고, 언제부터인지 집시들이 부랑배, 사기꾼, 도둑이라는 이미지로 유럽인에게 인식되기 시작했다.

한때는 왕들에게 보호받고 용병으로 일하기도 했던 집시들이 서서히 유럽인들로부터 빈민으로 이루어진 유랑민 또는 떠돌아다니는 부랑배로 받아들여지기 시작한 것이다.

스페인은 점차 반反집시 정책을 공개적으로 선언하였고 다른 유럽 국가들도 이를 따랐다. 프랑스에서는 집시들이 제멋대로 행동할 경우 갤리선의 노를 젓는 형벌에 처할 수 있도록 하였다. 그리고 집시들이 가벼운 죄를 저지르면 수염과 머리를 깎았고, 죄가 무거우면 채찍질과 교수형에 처하기도 했다. 헝가리와 루마니아에서는 19세기 후반까지 집시를 노예로 부리기도 했었다.

유럽에서 민족주의가 확대되고 제국주의적인 팽창 정책들이 확대되면서 집시들의 삶은 점점 더 가혹해져 갔다. 20세기를 넘어오면서는 집시들에게 폭력이 공식적으로 가해졌다.

특히 제2차 세계 대전 중에 독일 나치는 유태인 학살과 같은 범죄를 집시들에게도 행하였다. 1940년 1월에 250명의 집시 어린이들을 대량으로 학살하였고, 1944년 8월 1일에는 4,000명의 집시들을 폴란드 아우슈비츠 수용소에 가둬놓고 가스로 학살하였다. 이후 집시들은 이들의 넋을 달래기 위해 8월 1일을 '집시의 밤'으로 정하고 추도를 하고 있다.

집시 연구가인 이한 한콕(Ian Hancock : 1942~)은 제2차 세계 대전을 거치면서 500만 명 이상의 집시가 학살되었다고 주장하고 있다. 다만 유태인과 다르게 집시에 대한 독일의 만행이 널리 알려지지 않았을 뿐이라는 것이다.

2003년 국제연합UN은 루마니아에 약 150만여 명의 집시들이 살고 있고, 유럽과 아시아, 미국 등에 퍼져 있는 집시의 수는 500만 명에 이를 것으로 추정하였다.

하지만 집시는 아직까지 사회에서 주변인에 머물고 있다. 학자나 정치인들이 나오긴 했지만 극소수일 뿐이다. 어쩌면 그들 스스로 어디에도 머물지 못하는 역사적 운명을 받아들인 것인지도 모른다.

　집시 시인 스파쪼가 쓴 「자유」를 읽어 보면 집시들이 가진 삶의 철학을 느낄 수 있다.

　우리 집시의 종교는 오직 하나, 자유! 자유뿐이다.

　자유를 위해 우리는 부도, 권력도, 과학도, 영예도 버린다.

　우리는 하루하루를 생의 마지막 날처럼 산다.

　사람은 죽는 순간 허름한 마차도, 화려한 왕국도 모두 사라져 버린다.

　그때 우리는 왕보다 집시로 살아온 것이 훨씬 좋았다고 믿는다.

　우리는 죽음을 생각하지도, 두려워하지도 않는다.

　현재를 사는 것만이 전부이다.

　우리의 비밀은 삶이 주는 작은 것들에서 기쁨을 얻는 것이다.

1834년 8월 1일

영국, 노예 해방 선언 발표

"영국의 모든 식민지에서 노예제를 폐지하며, 75만 명에 달하는 노예를 해방한다."

-찰스 얼 그레이

　1820년대부터 영국에서는 계몽사상의 영향을 받은 윌리엄 윌버포스(William Wilberforce : 1759~1833), 파월 벅스턴(Thomas Fowell Buxton : 1786~1845) 등에 의해 노예 해방 운동이 펼쳐졌다. 하지만 노예를 소유한 자본가들은 자신들의 재산이자 노동력의 원천인 노예들에게 자비심을 보이지 않았다.

그런데 마침 그때 영국에서는 산업혁명을 통해 공장, 탄광 등이 들어서고 산업시설이 빠르게 늘어나고 있었다. 하지만 공장에서 일할 노동력이 부족하였다.

이에 자본가들은 태도를 바꾸어 노예 해방을 적극 지지하기 시작하였다. 즉 대량 생산에 차질이 생긴 자본가들은 노예를 해방시킴으로써 이들을 싼 임금으로 자신들의 공장에 고용해 더 많은 부를 축적하고자 한 것이었다.

그래서 마침내 1834년 8월 1일, 찰스 얼 그레이(Charles Earl Grey : 1764~1845) 영국 수상은 모든 영국 식민지에서 노예제를 폐지하고 노예들의 신분을 해방한다고 발표하였다. 더불어 노예의 소유주들에게는 총 2,000만 파운드의 배상금 지불을 약속하였다. 이로써 총 75만 명에 이르는 노예들은 자유를 되찾을 수 있었다.

결국 영국의 노예 해방 선언은 10여 년 전부터 이어져 온 노예 폐지 운동과 산업혁명으로 노동자가 많이 필요했던 산업자본가와의 이해관계가 맞아 떨어지면서 이뤄진 것이었다.

이후 영국의 노예 폐지 운동은 유럽과 미국 등으로 퍼져 나갔다.

* 1863년 1월 1일 '링컨 대통령, 노예 해방 선언문 발표' 참조

1936년 8월 1일

제11회 베를린 올림픽 개막

"올림픽은 유대인이 지배하는 추악한 제전이다." 히틀러가 말하였다. 이에 괴벨스는 "아닙니다. 올림픽이야말로 나치 독일의 힘을 전 세계에 알릴 절호의 기회입니다."라고 말하였다.

1936년 8월 1일 제11회 올림픽 대회가 독일 베를린에서 나치가 정권을 잡은 상황에서 개막되었다.

처음에 아돌프 히틀러(Adolf Hitler: 1889~1945)는 올림픽 대회를 배격하였다. 하지만 선전 장관 요제프 괴벨스(Paul Joseph Goebbels : 1897~1945)의 설득에 넘어간 히틀러는 올림픽 대회를 나치 이데올로기의 확산 기회로 보고 온갖 심혈을 기울여 대회를 준비하였다.

이 대회에는 총 49개국, 4,000여 명의 선수들이 148개 종목에 출전하였다. 처음으로 올림픽 경기가 라디오뿐만 아니라 텔레비전을 통해서도 방송되었다. 또한 그리스 아테네 올림피아 성전에서 채화된 성화 봉송 릴레이도 처음으로 시행되었다.

또한 히틀러는 여류감독 레니 리펜슈탈(Leni Riefenstahl : 1902~2003)에게 베를린 올림픽을 필름에 담은 2부작 기록 영화 「올림피아Olympia(1부 민족의 제전, 2부 미의 제전)」를 제작하도록 하였다.

이 영화는 '다큐멘터리'를 예술로 승화시켰다는 찬사를 받으며 국제적인 센세이션을 불러일으켰고 독일 나치의 위상을 한껏 높여 주었다.

한편 마라톤에서 일장기를 달고 참가한 우리나라의 손기정과 남승룡은 각각 1위와 3위를 차지하였다.

* 1938년 4월 20일 '베를린 올림픽 기록 영화, 「올림피아」 개봉' 참조

—

1981년 8월 1일

미국의 24시간 음악 방송 MTV 개국

—

1981년 8월 1일, 미국에서 가장 큰 유선 오락 TV 프로덕션인 워너 아멕스사는 24시간 동안 음악만을 들려주는 엠티비(MTV : Music Television)를 개국하였다.

뮤직 비디오 전문 채널을 표방한 MTV는 10대와 젊은 층을 시청 타깃으로 하여 음악을 듣는 시대에서 보는 시대로 바꾸었다. 그래서 개국 1년 만에 시청 가구 수가 3배로 증가했을 정도로 폭발적인 성장을 하였다.

1990년 후반부터는 리얼리티 프로그램, 패션, 뷰티, 디자인, 영화, 애니메이션 등의 비非음악 프로그램을 편성하면서 영역을 확대하였다.

2012년 현재 유럽, 아시아, 남미, 아프리카 등 전 세계에 진출하여 음악 산업과 대중문화에 큰 영향을 주고 있다.

주요 자매 채널로는 VH1, MTV2, MTV Tr3s 등이 있다.

8월의
모든 역사

8월 2일

■
·
■

기원전 216년 8월 2일

카르타고의 한니발, 로마군을 전멸시키다

"그 전투에서 로마인들은 분명히 패배했고 로마군의 명성은 땅에 떨어졌다. 하지만 로마 특유의 조직과 지혜 덕분에 로마인들은 다시 이탈리아의 주권을 되찾았고 카르타고를 정복하였다. 그리고 얼마 못 가서 전 세계의 지배자가 될 수 있었다."

-폴리비우스, 그리스 역사가

기원전 323년 이집트의 알렉산드리아를 건설한 알렉산더 대왕
(Alexandros the Great : B.C. 356~B.C. 323)이 사망한 이후 기원전 30년에
아우구스투스(Augustus : B.C. 63~A.D. 14)가 로마 제국을 건설하기까지
지중해 지역은 헬레니즘 시대를 누리고 있었다.

이 기간 동안 로마는 그리스의 문화를 이어받아 대大제국을 건설하게
되었으며, 포에니 전쟁은 대제국 건설을 위한 결정적인 사건이 되었다.
포에니Poeni는 페니키아 사람을 가리키는 라틴어로, 당시 로마인과 지중
해를 사이에 두고 대립하던 아프리카 대륙의 카르타고인들을 일컫는
말이다.

포에니 전쟁은 이탈리아 반도를 통합하고 지중해로 나가려는 로마와
지중해 무역을 독점하려는 카르타고가 충돌한 사건이다. 전쟁은 3차에
걸쳐 일어났다.

기원전 264년부터 241년까지 23년에 걸쳐 일어난 제1차 전쟁은 시
칠리아에서 일어났다. 로마와 카르타고 사이에 있는 시칠리아 섬에 카
르타고 군대가 파견되자, 위협을 느낀 로마가 카르타고를 공격한 것이
었다.

전쟁 초기에는 대규모의 함대를 가지고 있던 카르타고의 승리로 끝났
다. 하지만 로마가 카르타고의 배를 본떠 함선을 만든 후 다시 공격하여
승리자가 되었다. 그 결과, 로마는 시칠리아를 점령하여 관리를 파견하
였고 카르타고는 로마에 배상금을 지불하는 조약을 맺었다.

제2차 포에니 전쟁은 한니발 전쟁이라고도 하며 기원전 218년부터
201년까지 벌어졌다. 이 전쟁은 카르타고의 공격으로 시작되었다.

카르타고의 장군 한니발(Hannibal : B.C. 247~B.C. 183)은 세 형제들과 함
께 로마군이 전혀 예상하지 못한 곳으로 진격하는 작전을 펼쳤다. 그는

스페인에서 5만 명의 군대를 이끌고 갈리아 지방을 지나 알프스 산맥으로 들어섰다. 산을 지나면서 추위와 굶주림으로 많은 병사들을 잃었지만 갈리아의 군대를 보충하여 마침내 북이탈리아에 이를 수 있었다.

한니발의 군대는 기원전 218년에 티키누스 강과 트레비아 강에서, 이듬해에는 트라시메누스 호수에서 차례로 로마군을 물리쳤다. 그리고 기원전 216년 8월 2일 이탈리아 남부 칸나이에서 대결전을 치렀고, 로마군은 비참한 패배를 맛보게 되었다. 이날 한니발의 기병 1만 명과 보병 4만 명이 로마군 기병 8,000명, 보병 8만 명과 대결하였다.

한니발은 갈리아인 보병 2만 명을 활 모양으로 제일 앞 쪽 중간에 배치하였고, 주력 부대인 카르타고 중무장 보병을 그 뒤 양옆에 두었다. 그리고 양쪽 날개로 기병 5,000명씩을 나누어 투입했다. 로마 군대는 경무장 보병을 앞에 일자로 배치하고 뒤에 중무장 보병을 배치하였다.

전투가 시작되자, 로마의 보병들은 카르타고의 갈리아 보병을 물리치고 나갔다. 하지만 로마군이 아프리카 용병으로 구성된 카르타고 보병과 마주치자 상황은 달라지기 시작했다. 이들 용병들은 스페인을 행군하면서 유럽인들과 싸운 경험이 있었고 앞선 전투에서 로마군을 물리친 자신감이 있었다.

로마군은 갈리아인들과 전투하면서 많이 지쳐 있는 상태였다. 수적으로는 카르타고 군대가 불리했지만 학살당하는 쪽은 로마군이었다. 게다가 로마군은 큰 실수를 저지르고 있었다. 로마 기병의 수가 너무 적었던 것이다. 당시 최고의 기병인 누미디아 기병이 포함된 1만 명의 노련한 카르타고 기병은 적은 수의 로마 기병을 물리치고 로마군의 후방을 공격하였다.

결국 로마군은 카르타고 군대에 갇혔고 그대로 학살되었다. 전쟁은 카르타고 군대의 대승이었다. 그날 로마군은 7만여 명이 전사하였지만 카르타고군은 겨우 6,000여 명이 전사하였을 뿐이었다.

비록 한니발이 칸나이에 전투에서 큰 승리를 거두었지만 그것이 곧 로마에 대한 카르타고의 승리로 이어지지는 않았다. 로마의 장군 스키피오 아프리카누스(Publius Cornelius Scipio Africanus : B.C. 235~B.C. 183)는 작전을 바꾸어 카르타고의 본토를 급습하였고, 한니발은 급히 귀국하라는 명령을 받았다. 스키피오의 군대와 한니발의 군대가 대결하였으나 스키피오의 승리로 돌아가 결국 제2차 포에니 전쟁도 로마의 승리로 돌아갔다.

제3차 포에니 전쟁은 기원전 149년부터 146년까지 벌어졌다. 이 전쟁은 카르타고의 부활을 두려워한 로마의 일방적인 공격이었고 카르타고는 철저히 파괴되었다.

포에니 전쟁의 결과, 로마는 지중해의 남쪽을 지배하게 되었고 기원전 1세기 후반에 동쪽마저 장악하여 일대 대大제국으로 발전할 수 있었다. 아무리 용맹한 한니발이었더라도 공화제와 같은 로마의 보이지 않는 힘을 이겨낼 수는 없었던 것이다.

로마는 이미 정치의 성격, 군사기술, 돈, 병사에 급료를 지급하는 방법 등등에서 카르타고를 무찌르고 있었던 것이다.

1934년 8월 2일

아돌프 히틀러, 독일 총통에 취임하다

1919년 1월 5일 독일 뮌헨에서 나치의 전신이 된 독일 노동자당이 결성되었다. 극우적이고 반反유대적 단체인 툴레 협회를 기초로 해서 만들어진 이 당은 반유대주의자와 노동자 및 중산 계급의 구제를 목적으로 하였다.

그해 9월 아돌프 히틀러(Adolf Hitler : 1889~ 1945)는 이 작은 정당에 가입하였다. 그리고 히틀러는 1921년 7월 29일 열린 임시 당 대회에서 독재적인 지위를 가진 당수로 선출되었다.

이후 히틀러는 군부와 손잡고 민족 공동체의 건설, 강대한 독일의 재건, 사회 정책의 대대적인 확장, 베르사유 조약의 타파, 민주 공화제의 타도와 독재 정치의 강행, 유대인의 배척 등을 역설하였다. 특히 대중 집회를 자주 열어 일반 민중의 지지를 얻었다.

하지만 히틀러는 1923년 11월에 바이에른 분리주의자 카를(Karl : 1862~1934) 통감을 제거하려다 실패하고 체포되었다. 그는 5년 금고형을 선고 받고 바이에른 감옥에 수감되었다. 그의 수감으로 독일 노동자당은 와해되었다.

하지만 히틀러는 출옥 후 와해된 당의 조직을 재편하고 합법적인 운동으로 민주공화제를 내부로부터 정복할 것을 꾀하였다. 그리고 자신의 자서전인 『나의 투쟁Mein Kampf』을 출간하였다. 이 책에서 히틀러는 동유럽을 정복하고 게르만 민족의 생존권을 동방으로 확장하겠다는 계획을 제시하였다.

그리고 1930년 9월에 치러진 총선거에서 히틀러의 나치스는 18.3% 의 득표율로 사회민주당에 이어 제2당이 되었다. 히틀러는 연립내각에 입각하기를 거절하고 나치스의 독재 지배를 요구하였다. 1932년 11월 총선거에서는 33.1%의 지지율을 획득하면서 자본가 · 농업계를 비롯한 지배 세력의 많은 사람들이 히틀러를 지지하게 되었다.

이에 파울 폰 힌덴부르크(Paul von Hindenburg : 1847~1934) 대통령은 경제계와 정계의 혼란을 수습하기 위하여 1933년 1월 30일 히틀러를 수상으로 임명하였다. 그리고 히틀러는 보수파와 군부의 협력을 얻어 반대파를 탄압하고 그해 7월 일당독재 체제를 확립하였다. 그리고 마침내 1934년 8월 2일 힌덴부르크가 죽자 대통령의 지위를 겸하여 그지위를 '총통'이라 칭하고, 자신이 그 자리에 올랐다.

이후 히틀러는 명실상부한 독일의 독재자가 되었다. 그는 외교계 · 경제계 · 군부 요인들의 협력을 얻어 경제의 재건과 번영을 이루었다. 또한 군비를 확장하여 독일을 유럽에서 최강국으로 발전시켰다. 이에 독일 국민들은 히틀러에게 열광적인 지지를 보냈다.

그리고 1939년 9월에 히틀러는 독일 민족에 의한 유럽 제패를 실현하고 대생존권大生存圈을 수립하기 위한 구실을 앞세워 폴란드 침공을 시작으로, 제2차 세계 대전을 일으켰다.

* 1919년 1월 5일 '독일 노동자당 결성' 참조

* 1925년 7월 18일 '히틀러, 『나의 투쟁』을 출간하다' 참조

* 1933년 1월 30일 '히틀러, 독일 수상으로 취임' 참조

* 1939년 9월 1일 '독일의 폴란드 침공으로 제2차 세계대전이 발발하다' 참조

1964년 8월 2일

북베트남의 통킹 만 사건 발생

'북베트남의 통킹 만 밖 공해상을 순찰 중이던 구축함 매독스호가 북베트남 어뢰정의 공격을 받았다. 매독스호는 항공모함에 지원을 요청했고 함대 전투기의 지원을 받아 반격했다.'

1964년 8월 2일의 일이었다. 이 교전의 결과, 북베트남 해군은 어뢰정 3척이 손상을 입었고, 4명의 사망자와 6명의 부상자가 발생하였다. 미 해군은 구축함 1척과 항공기 1대에 경미한 피해를 입었고, 전상자는 없었다.

미국의 린든 존슨(Lyndon Baines Johnson: 1908~1973) 대통령은 이 사실을 보고받자마자, 베트남에 대해 공개적으로 군사 개입을 강화하였다.

이미 미국은 인도차이나 반도에서 공산주의 확대를 저지한다는 명분을 내세우며 1961년 케네디(John Fitzgerald Kennedy : 1917~1963) 대통령의 결정에 따라 1963년 말까지 남베트남에 1만 6,000명의 군대를 파병한 상태였다.

8월 7일, 미 의회는 사실상 선전포고인 '통킹 만 결의'를 의결하였으며, 1965년 2월부터는 B-52 폭격기를 동원한 폭격에 나섰고, 지상군도 파견하였다.

그러나 북베트남의 어뢰정이 미국의 구축함을 공격하였다는 것은 조작된 것으로 드러났다. 베트남전 당시 미국 국방장관이었던 로버트 맥나마라(Robert Strange McNamara : 1916~2009)가 1995년에 출간한 회고

록『베트남 전쟁의 비극과 교훈』을 통해서였다.

　미국과 소련이 대립하던 냉전 체제 시기에 베트남에 공산 정권이 들어서려 하자 존슨 대통령은 통킹 만 사건을 일으켜 베트남에 대한 미군의 개입을 정당화하려고 했던 것이었다.

　당시 프랑스의 샤를르 드 골(Charles De Gaulle : 1890~1970)은 케네디 대통령에게 이런 말을 하였다.

"당신들은 우리 프랑스가 떠난 자리에 들어가려 하고 있고, 우리가 끝맺은 전쟁을 다시 시작하려고 한다. 당신에게 충고 한마디 하고 싶다. 아무리 많은 돈과 병사를 인도차이나에 쏟아 붙더라도 당신들은 끝이 없는 늪 속으로 한 발 한 발 빠져들어 갈 것이 분명하다."

* 1973년 1월 27일 '미국-베트민, 파리 평화 협정 체결' 참조
* 1975년 4월 30일 '베트남 전쟁 종결' 참조

──

1990년 8월 2일

이라크, 쿠웨이트를 침공하다

──

　1961년 쿠웨이트는 영국 보호령에서 독립하였다. 하지만 이라크가 쿠웨이트에 대해 영유권을 주장하면서 이라크와 쿠웨이트의 국경 분쟁이 시작되었다.

　그러던 중 쿠웨이트는 이라크와의 국경 분쟁 지역에 유전을 설치하였다. 이라크는 쿠웨이트의 유전 설치에 항의하였다.

　결국 1990년 8월 2일 이라크의 사담 후세인(Saddam Hussein : 1937~2006) 대통령은 30만 명을 이끌고 쿠웨이트를 기습적으로 공격하였다. 후세인은 과거에 쿠웨이트가 이라크의 영토였고, 쿠웨이트가 석유를 너무 많이 공급하여 석유 가격이 떨어졌기 때문에 침략한다고 주장하였다.

　3시간 만에 이라크군은 쿠웨이트 수도인 쿠웨이트 시에 진입했다. 국왕은 사우디아라비아로 피신하였으며 국제연합UN 안전보장이사회는 이라크에 철수를 요구하며 제재를 가했다. 하지만 이라크는 오히려 일방적으로 쿠웨이트와의 합병을 선언하였다.

　미국은 즉각 사우디아라비아에 6척의 항공모함, 46만 명의 병력, 1,300대의 최신 전투기를 배치하였다. 그리고 미국 주도하에 당시 이해관계가 얽혀 있던 영국, 프랑스, 소련, 사우디아라비아, 이집트 등 30여 개 나라가 다국적군을 결성해 쿠웨이트를 지원하였다.

　또한 UN 안보리는 이사회는 1991년 1월 15일까지 이라크군이 쿠웨이트에서 철군하지 않을 경우 무력을 사용할 것이라고 경고하였다.

　하지만 이라크는 쿠웨이트에서 철수하지 않았다. 이에 1월 17일 미국은 대공습을 단행하여 쿠웨이트로부터 이라크군을 철수시켰다.

＊ 1991년 1월 17일 '걸프전 발발' 참조

8월의
모든 역사

8월 3일

:
:

713년 8월 3일

중국 당나라의 선승 혜능이 입적하다

불교의 가르침에서 무엇을 좌선坐禪이라 하는가? 그 가르침에 어긋
남이 없고 밖으로 모든 경계에서 헛된 생각이 일어나지 않는 것을
좌坐라 하며, 본성을 보고 흩어지지 않는 것을 선禪이라 한다.

-『육조단경六祖壇經』

우리나라 불교계에 큰 영향을 준 중국의 남종선南宗禪은 육조대사六祖大師라고도 하는 혜능(慧能 : 638~713)이 시작한 것이다. 그리고 선종禪宗의 5대조인 홍인(弘忍 : 601~674) 밑에서 혜능과 같이 공부하던 신수(神秀 : 606?~706)로부터 북종선北宗禪이 시작되었다.

즉 중국 불교의 큰 줄기는 홍인의 제자로부터 출발하고 있고, 혜능은 홍인을 이어 6대조가 된 인물이다. 그런데 혜능은 홍인으로부터 자리를 물려받을 때까지도 글자를 깨치지 못하였다고 한다.

혜능은 북쪽의 중국인들이 오랑캐가 사는 지역이라고 부른 중국 남부의 신흥新興에서 태어났다. 그는 집안이 가난하여 나무 장사를 하며 지냈다. 어느 날, 불경 읽는 소리가 들려 귀 기울여 보니 '마땅히 머무는 바 없이 그 마음을 일으켜라應無所住 而生其心'는 구절이었다.

혜능은 갑자기 마음이 환히 열리는 것을 느끼고, 경 읽는 곳을 찾아가 물었다.

"조금 전 읽은 것이 무엇이오?"

"『금강경金剛經』이오."

이 말을 들은 혜능은 출가하기로 마음먹고 황매산의 홍인을 찾아갔다. 홍인이 물었다.

"너는 무식한 오랑캐인데 어떻게 부처가 될 수 있겠느냐?"

이에 혜능은 대답했다.

"사람에게는 비록 남쪽과 북쪽이 있으나 부처 되는 성품에는 어찌 남북이 있을 것이며, 오랑캐와 스님의 몸은 같지 않으나 어찌 부처 이루는 성품에 차이가 있겠습니까?"

이후 혜능은 8개월 동안 장작을 패고 방아 찧는 행자 노릇을 하였다. 그러던 어느 날, 홍인이 700명이 넘는 제자들에게 말했다.

"그대들은 각자 거처로 돌아가 스스로를 돌아보고 지혜가 열린 자는 게송
偈頌 하나씩을 지어 오라. 마음이 열리어 깨달음에 이른 자가 있으면, 가사
袈裟와 법法을 전하여 육조六祖로 삼겠노라."

게송은 부처의 공덕이나 가르침을 찬탄하는 노래를 말한다. 제자들
은 흩어져 서로 말했다.

"우리가 아무리 머리를 써보았자 어찌 신수 스님을 따라가겠느냐. 우린 놀
고 있다가 신수 스님의 게송이나 읽자."

모두들 신수(神秀 : 606~706)를 바라보았으나 스님은 나흘이 지나도
록 게송을 지어 바치지 않았다. 신수는 스스로 아직 깨달음이 적다고
느끼고 있었던 것이다. 하지만 스승의 말은 거역할 수 없는 것이었고,
후배 제자들의 바람도 물리칠 수 없었다. 그는 결국 다음과 같은 글을
절 벽에 붙여 놓았다.

몸은 보리수요 身是菩提樹   마음은 거울이네 心如明鏡臺
열심히 털고 닦아 時時勤不息 티끌이 없도록 하세 勿使惹塵埃

홍인은 다음 날 벽에 붙은 글을 읽고 신수가 지은 것임을 알았다. 홍
인은 신수의 글이 아직 깨우침에 이르지 못한 것을 알았으나 다른 제자
들 앞에서 칭찬하였다. 그리고 조용히 신수를 불러 게송을 다시 지으라
고 했다.

신수의 글이 벽에 붙은 뒤 이틀이 지났을 때였다. 동자승 하나가 방

앗간을 지나면서 신수의 게송을 읊조렸다. 이 모습을 본 혜능이 동자승에게 물었다.

"그것은 누구의 게송이오?"

동자승이 자초지종을 말해 주었다. 혜능이 다시 물었다.

"그럼 나도 그 게송을 외워 부처가 될 수 있는 인연에 이르고 싶소. 그런데 나는 8개월이 넘도록 방아를 찧고 있으니 홍인 스님이 있는 곳에 갈 수가 없소. 나를 게송이 붙어 있는 곳으로 안내해 주시겠소?"

동자승은 혜능을 이끌고 그곳으로 갔고, 혜능은 다시 동자승에게 물었다.

"나는 글씨를 모르오. 스님께서 저 게송을 읽어 주시오."

그 옆에 있던 다른 스님이 큰 소리로 읽어 주었다. 혜능이 물었다.

"저도 게송을 하나 짓고 싶습니다. 스님께서는 이왕이면 글을 써 주실 수 있는지요?"

옆에 있던 스님이 웃었으나 곧 혜능의 말을 받아 글을 써 주었다.

보리(깨달음)는 본래 나무가 아니며 菩提本無樹

명경(마음의 거울) 또한 틀이 없는 것이네 明鏡亦無臺

본래 아무것도 없는데 本來無一物

어디에 티끌과 먼지가 있을 것인가 何處惹塵埃

혜능의 말을 받아 적은 스님과 글을 본 사람들은 모두 그 높은 경지에 깜짝 놀랐다. 얼마 후 홍인이 혜능의 글을 훑어 보고는 신발을 벗어 문지른 뒤 사람들에게 말했다.

"이 게송은 아직 덜 익은 풋과일에 불과하다."

홍인이 이렇게 말하자 모두들 자신의 생각이 잘못된 것으로 알고 물러났다.

홍인은 혜능이 일하는 곳에 우연히 들른 것처럼 하고 혜능 앞에서 지팡이로 땅바닥을 세 번 두드렸다. 혜능은 그것이 어두운 3경에 스님 방으로 오라는 뜻임을 알아챘다.

홍인이 낮에 보인 행동은 실제 마음과는 달랐던 것이다. 그러나 만약 그 자리에서 혜능의 깨달음을 인정하고 그를 육조로 삼겠다고 말하였다면 오랑캐로 불린 혜능에게 어떤 위험이 닥칠지 모를 일이었다.

가사와 법을 물려받은 혜능은 스승의 권유로 남몰래 절을 빠져 나와 이후 15년간 산에서 은둔 생활을 하며 인연을 기다렸다.

그리고 676년에 마침내 때가 되었음을 알고, 산에서 내려와 광저우廣州에 있는 법성사法性寺에 도착하였다. 그곳에서는 인종(印宗 : 627~713) 법사가 『열반경』을 강의하고 있었다.

하루는 강의가 끝나고 쉬는 시간이었는데, 두 승려가 뜰에 서서 바람에 펄럭이는 깃발을 보고 다투고 있었다. 한 사람은 "바람이 움직인다." 라고 하였고, 다른 사람은 "깃발이 움직인다."고 하며 논쟁하고 있었던 것이다. 이때 혜능이 말했다.

"바람이 움직이는 것도, 깃발이 움직이는 것도 아닙니다. 오직 그대들의 마음이 움직이는 것입니다."

혜능의 말에 두 승려와 인종 법사는 큰 감명을 받고 혜능을 윗자리에 모셨다. 여기서 혜능은 스승이 전해 준 가사를 보여 주었다. 행적을 알 수 없었던 육조대사가 대중들 앞에 모습을 보인 것이다.

인종 법사는 혜능이 5대조 홍인의 전법자임을 확인하고는 혜능을 삭
발해 주었다. 마침내 혜능이 정식으로 출가 절차를 밟은 것이다.

혜능은 다음 해인 677년에 조계산曹溪山에 있는 보림사寶林寺로 옮겨 이
곳을 중심으로 713년 8월 3일 입적할 때까지 설법을 널리 폈다.

기록에 따르면 혜능이 입적한 날에 산이 무너지고 땅이 흔들렸으며
해와 달이 빛을 잃고 바람과 구름이 모습을 잃었다고 한다. 전통적인
입장에서는 중국 선종의 창시자를 달마(達磨 : ?~534)라고 말하지만, 중
국 선이라는 새로운 선문禪門을 처음으로 연 사람은 혜능이다.

그는 수행보다 단번의 깨달음을 의미하는 돈오頓悟를 중시하였으며,
그의 가르침은 중국뿐 아니라 우리나라와 일본에 큰 영향을 주었다.

혜능의 설법을 기록한『육조단경六祖壇經』이 전해지고 있다.

1492년 8월 3일

이탈리아의 콜럼버스, 제1차 항해를 떠나다

만약 콜럼버스가 오늘날의 지구본을 보았다면, 그가 아시아로 가기 위해
지구가 둥글다는 사실을 믿고 서쪽으로 항해한 것이 얼마나 무모했던 일
인지 알 것이다.

크리스토퍼 콜럼버스(Christopher Columbus : 1451~1506)는 1451년
이탈리아 제노바에서 태어났다. 그는 선원이 되어 젊어서부터 영국 ·
아이슬란드 · 키오스를 돌아다녔다.

1474년 콜럼버스는 이탈리아의 천문학자이자 지리학자인 파올로 토

스카넬리(Paolo Toscanelli dal Pozzo : 1397~1482)와의 서신 왕래를 통해 세계가 구형球形임을 확신하게 되었다. 그리고 서쪽으로 항해하면 아프리카 남단을 우회하는 것보다 훨씬 빨리 비단과 향료가 넘쳐나는 인도에 도달할 수 있다고 생각하였다.

그래서 1486년에 콜럼버스는 포르투갈 왕에게 신대륙 탐험에 대한 원조를 간청하였다. 하지만 이것은 받아들여지지 않았다. 그러자 콜럼버스는 에스파냐로 건너가 이사벨 1세(Isabel I : 1451~1504) 여왕에게 후원을 요청하였다.

그리고 마침내 1492년 8월 3일 콜럼버스는 3척의 선박, 88명의 승무원을 태워 팔로스 항港을 출발함으로써 제1차 탐험을 하게 되었다. 그리고 어렵사리 10월 12일 서인도西印度의 한 섬인 산살바도르에 도착하였다가 이듬해 3월에 에스파냐로 돌아왔다.

이후 콜럼버스는 다시 3회의 탐험을 속행하여 중앙아메리카 대륙 연안 일대를 탐사하였다. 하지만 횟수를 거듭할수록 탐욕과 잔인성의 악평을 받아 최후의 원정에서 귀환한 후에는 누구도 콜럼버스를 돌봐주지 않았다.

결국 콜럼버스는 화병으로 1506년 55세를 일기로 사망하였다.

1918년 8월 3일

일본 전역에서 쌀 폭동 발생

통계에 따르면, 일본에서 1석 당 쌀 가격은 1909년에 13엔, 1912년에 20 엔, 1915년에 12엔, 1917년에는 25엔가량 되었다. 그런데 1918년에는 쌀 가격이 45엔 89전으로 급등하였다.

일본은 급속한 근대화로 인해 도시 인구가 증가하였다. 이에 따라 도 시 주민의 쌀 수요는 급속히 늘어났지만 쌀 공급은 수요를 따라잡지 못 하였다.

게다가 1917년 러시아에서 10월 혁명이 일어나자 일본 정부는 미국 과 공동으로 시베리아에 출병하여 러시아의 반反혁명 세력을 지원하려 고 하였다. 그리고 8월 2일과 3일에 미국과 일본은 각 7,000명의 군대 를 파견한다는 출병 선언을 하였다.

쌀 상인들은 쌀을 매점매석하기 시작하였고 1918년에 들어서면서 쌀값은 폭등하였다. 이에 토미야마 현에 사는 한 주부가 쌀의 유출을 반대하는 운동을 전개하였고, 8월 3일에는 교토, 나고야 등 일본 전역 에서 쌀 폭동이 발생하였다. 8월 중순 무렵에는 지방 도시와 탄광 지대 로 확대되어 참가 인원이 70만 명에 이르렀다.

일본의 쌀 폭동은 1920년대에 '조선 산미 증산 계획'으로 나타났다. 이에 따라 조선의 쌀을 대량으로 생산하여 일본으로 반출함으로써 조 선 농민들은 굶주림에 시달리게 되었다.

8월의
모든 역사

8월 4일

■
∴
■

1914년 8월 4일

영국과 프랑스, 독일에 대해 선전포고를 하다

-제1차 세계 대전 당시 독일군이 벨기에군을 공격하는 모습

1914년 6월 28일 당시 오스트리아령領이었던 사라예보에서 한 방의 총소리가 들렸다. 오스트리아-헝가리 제국의 황제 계승자인 프란츠 페르디난트(Franz Ferdinand : 1863~1914) 대공 부부가 사라예보를 시찰하던 중 19세의 세르비아 청년 가브릴로 프린치프(Gavrilo Princip : 1894~1918)의 총에 맞아 암살된 것이었다.

흥분한 오스트리아 정부는 세르비아에 다음과 같은 최후통첩을 보냈다.

1. 반反오스트리아 교육을 금지하라.
2. 반오스트리아 단체를 해산하라.
3. 반오스트리아 성향을 가진 관리를 파면하라.
4. 반오스트리아 관련 출판물을 몰수하여 소각 조치하라.
5. 사라예보 사건 관계자 재판에 있어서 오스트리아 관리가 세르비아에 입국할 수 있게 하라.
6. 무기의 국외 반출을 금지하라.

이에 세르비아 정부는 재판의 관리 참여 조항을 제외한 모든 조항을 무조건 수용한다고 밝혔다. 하지만 오스트리아는 그들의 요구 조건 중 어느 것도 양보하기를 거부하고, 즉각 세르비아와의 외교 관계를 단절했다.

그리고 7월 28일 오스트리아는 세르비아에 대해 선전포고를 하였고, 그 다음 날인 7월 29일에는 세르비아의 베오그라드를 포격하기 시작하였다. 제1차 세계 대전이 발발한 것이었다.

7월 30일에는 러시아가 같은 슬라브족인 세르비아를 돕겠다며 총동원령을 내렸다. 그러자 독일은 동맹국인 러시아에게 전쟁터를 발칸 반도로 국한하자는 제안을 하였다. 하지만 러시아는 이를 거절하였다.

결국 독일은 동맹국 러시아를 버리고 같은 게르만족인 오스트리아를 돕겠다고 나섰다. 7월 31일 독일은 총동원령을 내려 러시아에게 선전 포고를 하였다.

독일은 총동원령 이후 군대가 집결 중인 러시아를 뒤로 제쳐두고 서부 전선으로 뛰어들었다. 이때 영국은 중립 상태였다. 하지만 독일이 중립국이자 영국의 동맹국인 벨기에로 진격하여 도버 해협을 위협하자 위험을 느끼고 독일에게 8월 4일 선전포고를 하였다. 프랑스 또한 이에 동참하여 선전포고를 하였다.

이로써 제1차 세계 대전은 영국, 프랑스, 러시아 등의 연합국과 독일, 오스트리아, 불가리아, 오스만 제국 등의 동맹국으로 나뉘어 유럽의 모든 열강이 참가하는 전쟁으로 확대되었다.

미국 또한 독일이 잇따라 잠수함을 이용한 선박의 무차별 공격으로 미국의 상선들을 침몰시키자, 1917년 4월 대독 참전 결의안을 승인함으로써 이 전쟁에 동참하였다.

제1차 세계 대전은 4년 4개월 동안 지속되었고 신무기와 독가스가 사용되면서 900만 명의 목숨을 앗아갔다. 그리고 1918년 11월 연합국 측이 동맹국 측에 승리를 거두면서 제1차 세계 대전은 종결되었다.

이 전쟁의 결과로 독일, 러시아, 오스트리아-헝가리, 오스만 등 4개의 거대한 제국은 많은 영토와 인구를 잃고 몰락하였다. 이로 인해 발칸 반도와 중동 지방에서 많은 독립국들이 생겨났다.

그리고 미국의 우드로 윌슨(Thomas Woodrow Wilson : 1856~1924) 대통령은 전쟁의 방지와 세계의 평화를 위해 국제 연맹을 설립할 것을 제안하여 1920년 1월 국제 연맹이 설립되었다.

* 1914년 6월 28일 '오스트리아 페르디난드 황태자 부부, 사라예보에서 암살되다' 참조
* 1915년 4월 22일 '독일, 이프르 전투에서 처음으로 독가스를 사용하다' 참조
* 1917년 4월 2일 '미국 대통령 윌슨, 미국의 제1차 세계 대전의 참전 승인을 요청하다' 참조
* 1918년 11월 11일 '제1차 세계 대전 종결' 참조

1875년 8월 4일

덴마크의 동화작가 안데르센 사망

"나는 한 번도 아이를 내 등에 태우거나 무릎 위에 올려놓은 적이 없다. 내가 쓴 이야기들은 어린이를 위한 것일 뿐만 아니라 어른을 위한 것이기도 하다. 어린이들은 단지 내 이야기의 표면만을 이해할 수 있으며, 성숙한 어른이 되어서야 온전히 내 작품을 이해할 수 있기 때문이다."

-한스 안데르센

한스 크리스티안 안데르센(Hans Christian Andersen : 1805~1875)은 1805년 4월 2일 덴마크의 오덴세에서 태어났다. 그의 아버지는 구두 수선공이었으나 안데르센에게 늘 이야기를 들려주었다.

안데르센은 아버지의 문학적 감성을 물려받았다. 그는 노래와 연기에 재능을 보이며 연기자가 되기로 결심하고 15세 때 수도인 코펜하겐으로 상경하였다.

안데르센은 여러 극단을 찾아가 입단을 요청하지만 번번이 퇴짜를

맞았다. 다행히도 유력한 정치인이자 예술 애호가였던 요나스 콜린을 만나 그의 후원으로 코펜하겐 대학교를 입학할 수 있었다. 재학 중에 안데르센은 「죽어가는 아이」라는 제목의 시를 발표해 의외로 호평을 받았다. 이에 안데르센은 연기자에서 작가의 길로 선회하였다.

1835년에는 독일, 프랑스, 이탈리아를 여행한 경험을 토대로 자전적인 요소가 깃든 장편소설 「즉흥시인Improvisatoren」을 발표해 호평을 얻었다. 그리고 같은 해 『아이들을 위한 동화』라는 제목으로 첫 번째 동화집을 펴냄으로써 동화작가로서의 입지를 굳혔다.

이후 안데르센은 1870년경까지 『인어 공주』『미운 오리새끼』『벌거숭이 임금님』 등 130여 편 이상의 동화를 발표하였다.

1846년에는 덴마크 국민으로선 최고의 영예인 단네브로 훈장을 받았고, 1867년에는 그의 고향인 오덴세의 명예시민으로 추대되었다.

하지만 1870년대 초부터 건강이 나빠져, 1875년 8월 5일 70세를 일기로 사망하였다. 8월 11일 열린 그의 장례식에는 덴마크 국왕과 황태자를 비롯한 수백 명이 찾아왔고, 전 국민들은 복상服喪할 정도로 안데르센은 명예와 인기를 한 몸에 받았던 작가였다.

2007년 8월 4일

화상 탐사선 피닉스호가 발사되다

2007년 8월 4일 미국 플로리다 주 케이프케너버럴 공군 기지에서 델타2 로켓에 실린 화성 탐사선 피닉스호가 발사되었다. 이는 미 항공 우주국NASA이 2007년에 세운 화성 탐사 계획인 마스 스카우트 프로그램

Mars Scout Program에 따라 처음으로 발사하는 화성 탐사선이었다.

피닉스호는 총 비행 거리 6억 7,500km를 10개월간 비행한 끝에 2008년 5월 25일 화성 북극권에 안착했다. 탐사선이 화성에 연착륙한 것은 1976년 쌍둥이 로봇 바이킹 1, 2호 이후 32년 만이었다.

그동안 화성 탐사선은 수십억 년 동안 지질 변화가 거의 없었던 적도 부근의 건조한 땅에만 집중적으로 착륙하였다. 하지만 피닉스호는 처음으로 북극의 물과 얼음이 풍부한 지역에 착륙하는 데 성공하였다. 그리고 에어백이 아닌 낙하산 방식으로 착륙에 성공한 첫 번째 화성 탐사선이 되었다.

피닉스호는 로봇 팔을 이용해 화성의 북극 땅을 팠다. 물에 관한 정보를 찾아 화성에 미생물이 살기에 적절한 환경이 있는지를 조사하기 위해서였다. 그해 7월 31일 미 항공 우주국은 피닉스호가 보내 온 데이터를 바탕으로 화성에서 물을 발견하였다고 발표하였다.

그러나 피닉스호는 동절기가 되면서 태양 에너지 부족 현상이 발생하였다. 결국 11월 2일 화성 탐사 위성 '화성 오디세이'와의 교신을 끝으로 피닉스호는 연락이 두절되었다.

* 1999년 1월 3일 '미국, 화성 탐사선 랜더호 발사' 참조
* 2003년 6월 10일 '미 항공 우주국, 화성 탐사선 스피릿 로버 발사' 참조

8월의
모든 역사

8월 5일

■
■
■

1962년 8월 5일

미국의 유명 여배우 마릴린 먼로가 자살하다

"나는 '섹스 심벌'에 대해 완전히 이해하지 못한다. 그리고 무엇의 심벌이 되었든 이 심벌은 갈등을 일으킬 소지가 있다. 섹스 심벌이 사물화될 때 그렇다. 나는 물건 취급당하는 것이 무엇보다 싫다. 하지만 내가 어떤 것의 심벌이 되어야 한다면 기꺼이 섹스 심벌이 되겠다. 어떤 여자들은 스스로든 스튜디오의 유혹에 의해서든 나처럼 되고 싶어한다. 그런데 그 여자들은 전방이나 후방에 있지 않기 때문에 그럴 수 없다. 그러니까 그들은 그 중간에서 살고 있다."

-마릴린 먼로

마릴린 먼로(Marilyn Monroe : 1926~1962)는 1926년 6월 1일 미국 로스앤젤레스에서 태어났다. 본명은 로마 제인 모텐슨Norma Jeane Mortenson이다. 먼로는 어머니의 정신질환으로 인해 양부모의 집과 고아원을 전전하며 매우 불안한 환경에서 성장하였다.

그리고 1942년 17세의 어린 나이로 제임스 도허티와 결혼하였다. 하지만 그녀의 남편은 제2차 세계 대전에 참전하기 위해 해병대에 입대하였다. 먼로는 군수 공장에 취직하였다.

그러던 1945년 사진작가 데이비드 코버너를 만나 먼로는 잡지 모델의 길로 들어섰다. 1948년 20세기 폭스사와 영화 출연 계약을 하고 영화 「스쿠다 후! 스쿠다 헤이!Scudda-Hoo! Scudda-Hay!」에 출연하면서 영화배우가 되었다.

이후 그녀는 「위험한 세월Dangerous Years」(1947), 「코러스의 숙녀들Ladies of the Chorus」(1949), 「러브 해피Love Happy」「아스팔트 정글The Asphalt Jungle」(1950) 등의 영화에 출연하면서 활발하게 활동하였다. 특히 1953년에 「신사는 금발을 좋아해Gentlemen Prefer Blondes」에 출연하면서 '섹스 심벌'로서의 이미지를 굳혔다.

1954년에는 미국 프로야구의 전설적인 존재인 조 디마지오(Joseph Paul DiMaggio : 1914~1999)와 결혼하면서 더욱 화제를 낳았다. 하지만 그들은 9개월 만에 파경을 맞았다.

그리고 1955년에 개봉한 「7년 만의 외출The Seven Year Itch」를 통해 매력적인 외모뿐만 아니라 연기력도 인정받았다. 특히 지하철 환풍구 바람에 드레스가 들리는 관능적이면서도 코믹한 장면은 많은 사람들이 기억하고 있다.

먼로는 1956년에 유대인 극작가 아서 밀러(Arthur Asher Miller :

1915~2005)와 혼인하였지만, 이 결혼 또한 5년 만에 파경을 맞이하였다.

그녀의 사생활은 늘 불안하였다. 결국 먼로는 1962년 8월 5일, 36세를 일기로 사망하였다. 사인은 '수면제 과다로 인한 약물 중독'이었다.

대표작으로는 「돌아오지 않는 강」 「7년 만의 외출」 「왕자와 무희」 「버스 정류장」 「뜨거운 것이 좋아」 등이 있다.

* 1956년 6월 29일 '마릴린 먼로, 극작가 아서 밀러와 결혼' 참조

2010년 8월 5일

칠레 광부 매몰 사건 발생

2010년 8월 5일 칠레 북부 아타카마 사막의 산호세 광산에서 붕괴 사고가 일어났다. 갱도 중간에서 70만t의 암석과 토사가 무너져 내리면서 33명의 광부들이 매몰됐다.

칠레 정부가 즉각 구조에 나섰으나 모두 숨진 것으로 파악되었다. 그러나 17일 만에 "우리 33인은 대피소에 살아 있습니다."란 광부들의 메모가 전해지면서 구조 작업이 본격적으로 진행되었다.

광산 기술자, 긴급구조 전문가, 의료요원, 군의관 등 250여 명이 구조 작업에 참여하였다. 사고를 당한 간부들은 지하 688m에서 침착하게 구조를 기다렸다. 그리고 매몰자들은 여러 공간의 피신처를 나눠 쓰는 등 조직적으로 생활을 하였다. 지상의 구조팀은 광부들이 갇혀 있는 곳까지 작은 구멍을 뚫어 의사소통을 하였다.

10월 12일 밤부터 본격적으로 구조 작업을 실시하였다. 그리고 광산에 갇힌 지 71일 만인 10월 14일 기적적으로 전원 구조되었다. 그들은 지하에서 가장 오래 생존한 사람들로 기록되었다.

이들의 생환 소식은 세계를 열광시켰다. 이들은 구조되자마자 각종 언론 매체 인터뷰와 행사 등으로 뜨거운 관심을 받았다. 또한 이들의 생존에 관한 책과 영화가 나왔다.

하지만 2012년 현재 그들 중 대부분은 정신적 · 육체적 고통을 호소하고 있다.

1930년 8월 5일

미국의 우주비행사 닐 암스트롱 출생

1969년 7월 20일, 미국의 닐 암스트롱은 인류 역사상 처음으로 달 표면에 발을 내디뎠다. 인류가 비행기를 만든 지 채 100년이 안 되는 기간이었다.

인류 최초로 달에 발자국을 찍는 명예를 누린 닐 암스트롱(Neil Alden Armstrong : 1930~)은 1930년 8월 5일 오하이오 주에서 태어났다. 그는 16세 때 조종사 자격증을 딸 정도로 비행기에 푹 빠져 있었다.

그는 항공학을 공부하기 위해 퍼듀 대학교에 들어갔다. 1947년에는 해군 항공 장교 후보생이 되었고, 1950년에는 한국전쟁에도 참가하였다.

1955년에 그는 미국 항공 우주국NASA의 전신인 미국 항공 자문 위원회NACA의 민간 시험비행사가 되었다. 1962년에는 항공 및 우주의 연구 개발을 목적으로 한 NASA 제2기 우주 비행사로 선발되었다. 당시 비행사가 된다는 것은 목숨을 거는 용기와 신념이 있어야 했다.

그는 1966년 3월에 제미니 8호의 선장이 되어 첫 우주 비행을 하였으며, 1969년 7월에 아폴로 11호를 타고 달을 밟을 수 있었다. 당시 암스트롱은 달에 첫발을 내딛다가 그대로 먼지 속으로 쑥 빠져버리지는 않을까 조마조마했다고 한다.

이후 암스트롱은 1971년부터 신시내티 대학교에서 항공공학을 가르쳤으며, 미국 국가 우주 위원회NCS 위원으로도 활동하였다.

* 1969년 7월 20일 '미국의 아폴로 11호, 인류 최초로 달에 착륙하다' 참조

8월의
모든 역사

8월 6일

■
■
■

—

1945년 8월 6일

미국, 일본 히로시마에 최초의 원자폭탄을 투하하다

—

"오, 하나님, 우리가 지금 무슨 일을 저질렀나이까?"

지름 71cm, 길이 3.05m, 무게 4t의 원자폭탄 '리틀보이little boy'가 히로시마에 떨어진 후 부조종사가 처참히 외쳤다.

1945년 8월 6일 새벽 2시 45분, 원자폭탄 '리틀보이'를 실은 B-29 폭격기는 서태평양 티니안 섬 기지를 출발하였다. 그리고 15분 뒤 승무원들은 폭탄 투하를 위한 작업을 시작했다. 작업이 끝나자 조종사 폴 티베츠(Paul Warfield Tibbets : 1915~2007)가 기내 방송을 하였다.

"우리는 세계 최초의 원자폭탄을 수송하고 있다."

7시 9분, 히로시마 라디오 방송은 B-29의 접근을 알리는 공습경보를 발령했다. 하지만 히로시마 레이더 관측소는 본토로 향해 오는 비행기 기체의 숫자가 몇 대 안 되는 것으로 파악하고 공습경보를 해제했다. 가끔 연합군 측의 비행편대가 지나가는 경우가 있었기 때문이다.

8시 12분, 에놀라게이Enola Gay라고 이름 붙은 B-29 폭격기가 폭격 지점에 도달했다. 히로시마는 오전부터 구름이 짙게 드리워져 있었다.

8시 15분 30초, '리틀보이'는 거대한 도시를 바라보며 지상으로 낙하했다. 잠시 후 오렌지 빛 섬광과 엄청난 불덩이가 치솟았다. 에놀라게이의 한 승무원은 다음과 같은 말을 내뱉었다.

"연기 기둥이 급속히 솟아오르고 있다. 그 속에는 화염의 붉은 핵이 보인다. 자줏빛과 회색의 이글거리는 덩어리가 그 붉은 핵과 함께 보이고 있다. 그것은 온통 광란하고 있는 것 같다. 그리고 불길이 마치 거대한 용광로에서 내뿜는 화염처럼 솟아오르고 있다. 도시는 그 밑에 있음이 틀림없다."

24만 명이 방사능과 고열, 후유증으로 죽어야 했던 그 도시가 그 밑에 있었다.

히로시마에 투하된 원자폭탄

9,000m 상공에서 투하된 폭탄은 폭발 지점인 히로시마 시마 외과 병원 상공 580m 위에서 강한 섬광과 함께 폭발하였다. 총면적 11km²가 피해를 입거나 화재가 발생하였다. 또한 그 범위 안에 있던 건물의 90%가 완전히 파괴되었다.

7만 명이 초기 폭발로 인해 사망하였으며, 2개월에서 4개월 동안 히로시마에서는 9만여 명에서 16만 6,000여 명에 이르는 사망자가 집계되었다. 이후 1945년까지 원폭투하로 인한 후폭풍과 피폭, 그 외 다른 질병 합병증과 부상으로 인해 거의 이와 맞먹는 숫자의 사람들이 사망하였다. 방사능 오염으로 인한 사망과 질병은 오늘날까지도 끊이지 않고 있다.

미국은 핵 개발 계획인 맨해튼 계획에 따라 영국, 캐나다와 함께 비밀리에 초크 강 연구소에서 공동으로 튜브 알로이스 프로젝트를 연구하여 원자폭탄을 처음으로 설계 · 제조하였다.

미 육군 공병사령부 소속의 레슬리 그로브스(Leslie Groves : 1896~1970) 장군이 프로젝트의 총 책임자를 맡았으며, 과학적 연구는 물리학자 로버트 오펜하이머(Julius Robert Oppenheimer : 1904~1967)가 담당하였다.

그리고 마침내 우라늄 235를 천연 우라늄으로부터 분리해 냄으로써 원자폭탄 제조에 성공하였다. 이렇게 만들어진 원자폭탄은 1945년 7월

16일 뉴멕시코 주 앨라모고도에서 첫 실험에 성공하였다.

　이에 앞서 미국은 영국, 중국과 함께 포츠담 선언을 통해 일본에게 무조건 항복을 요구했으나 일본은 이를 무시했다. 이에 미국의 해리 트루먼(Harry Shippe Truman : 1884~1972) 대통령은 히로시마와 나가사키에 원자폭탄을 투하하기로 결정하였다.

　히로시마에 원자폭탄을 투하하기로 결정하게 된 이유는 히로시마가 일본군의 제2사령부가 있는 군사상으로 매우 중요한 근거지였기 때문이었다.

　미국은 나흘 뒤인 8월 9일에는 나가사키에도 '패트맨fat man'이라는 또 다른 원자폭탄을 투하하여 많은 인명 피해를 입혔다. 그리고 해리 트루먼 대통령은 일본이 항복할 때까지 원자폭탄 투하는 계속될 것이라고 경고했다.

　결국 일본은 8월 15일 연합군에게 무조건 항복을 선언하였다. 9월 2일 일본이 항복 문서에 서명함으로써 공식적으로 태평양 전쟁과 제2차 세계 대전은 종전이 되었다.

* 1945년 7월 16일 '미국, 원자폭탄 실험에 성공하다' 참조
* 1945년 8월 15일 '일본의 히로히토 천황, 항복 선언을 하다' 참조
* 1946년 7월 1일 '미국, 비키니 섬에서 최초의 공개 원폭 실험' 참조

1825년 8월 6일

남미의 볼리비아, 프랑스로부터 독립

남아메리카 중앙부 브라질 남서부에 위치한 볼리비아는 16세기에 스페인의 식민지가 된 후 광산 도시가 번영하였다.

1806년에 프랑스군이 스페인을 점령하자 중남미에서 최초로 볼리비아 독립을 위한 민중 봉기가 일어났다. 하지만 리마의 부왕이 파견한 군대에 의해 완전히 분쇄되었다.

이에 굴복당하지 않고 볼리비아는 독립 영웅 시몬 볼리바르(Simón Bolívar : 1783~1830)와 수크레(Antoino Jóse de Sucre : 1795~1830)의 활약으로 1825년 8월 6일 프랑스로부터 독립하였다.

이후 볼리비아는 볼리바르의 이름을 따서 볼리비아 공화국Republic of Bolivia으로 국가 명칭을 정하고 1967년 2월 헌법을 제정하였다. 하지만 1981년까지 194회의 쿠데타가 발생하는 등 중남미 국가 중 정치 정세가 가장 불안하였다.

이후 1985년 8월 빅토르 파스 에스텐소로(Victor Paz Estenssoro : 1907~2001)가 대통령에 선출되면서 지속적으로 민주화를 진행하였다.

볼리비아는 대외적으로는 중도좌파를 표방하면서도 친미 · 친서방 노선의 외교를 지속하여 왔다. 1945년 국제연합UN에, 1979년에는 비동맹회의에 가입하였다.

그리고 2009년 2월에는 국가 명칭을 볼리비아 다민족국Estado Plurinacional de Bolivia으로 변경하였다.

2012년 현재 2006년 1월에 취임한 에보 모랄레스(Juan Evo Morales

Ayma : 1959~) 대통령이 정부를 이끌고 있다.

—

1926년 8월 6일

미국의 캐롤린 에덜리,
여성 사상 최초로 영국 해협을 헤엄쳐서 건너다

—

1926년 8월 6일 미국의 캐롤린 에덜리(Gertrude Caroline Ederle : 1905~2003)는 프랑스의 그리네 곶을 출발하여 영국의 킹스타운까지 56km 거리를 헤엄을 쳐서 건넜다. 여성 사상 최초로 영국 해협을 헤엄쳐서 건넌 것이었다.

영국 해협을 헤엄쳐서 건넌 것은 1815년에 영국군에게 잡혀 포로가 된 한 프랑스 병사가 영국 군함에서 탈출해 프랑스로 돌아간 것이 시초였다.

그리고 에덜리가 성공하기 전까지도 영국 해협을 헤엄으로 건넌 사람은 5명에 불과했다. 그런데 에덜리의 기록은 14시간 31분으로 남자 최고 기록보다 2시간이나 빨랐다.

20세기 초까지만 해도 아무리 개방된 서구사회라 하더라도 여자가 공개적으로 수영을 하는 것은 금기시되었다. 그래서 초기의 여자 수영 대회에는 남성 관중들의 관람이 금지됐고, 해수욕장과 수영장에도 남녀가 유별했다. 1912년 제5회 스웨덴 스톡홀름 올림픽에 가서야 여자 수영이 처음으로 정식 종목으로 채택될 정도였다.

이런 상황에서 남자가 육체적·정신적으로 우월하다는 관념을 깬 이 사건은 '에덜리 쇼크'라 불렸다. 한편 뉴욕으로 돌아온 에덜리는 시민 200만 명으로부터 큰 환영을 받았다.

1932년 8월 6일

제1회 베니스 영화제 개막

1932년 8월 6일 이탈리아 베네치아 리도 섬에서 제1회 베니스 국제 영화제가 개막하였다. 세계 최초로 열린 국제 영화제였다.

개최 당시 파시스트 정권인 무솔리니 정부가 이탈리아 문화 정책을 선전하기 위해 문을 열었기 때문에 정치적인 성격이 강하였다. 그래서 1934년부터 1942년까지는 최고상이 '뭇솔리니상'이었다.

하지만 2차 세계 대전 직후 '영화 품격을 격상시키자'는 목소리가 제기된 뒤 영화제 본래의 목적을 되찾으면서 그랑프리가 '산마르코 황금사자상'으로 바뀌었다. 전후로 잠시 침체기를 걷던 이 영화제는 그러나 1950년대 들어 점차 활성화되기 시작하였다.

또한 베니스 영화제는 오랫동안 비상업적 예술 영화만을 선택해 시상하는 전통을 가지고 있었는데, 이런 전통 때문에 예술 축제로만 인식되어졌다. 하지만 2002년 시장이 설립되는 등 점차 상업 영화의 비중이 점차 높아지고 있다.

베니스 영화제는 특히 아시아 영화에 호의를 보이고 있으며, 1951년에는 일본의 영화감독 구로사와 아키라(黑澤明 : 1910~1998)가 「라쇼몬」으로 황금사자상을 받은 바 있다.

베니스 영화제는 매년 8월 말에서 9월 초에 개최되고 있으며, 베를린 국제 영화제, 칸 국제 영화제와 더불어 세계 3대 국제 영화제로 손꼽힌다.

* 1910년 3월 23일 '일본 영화감독 구로사와 아키라 태어나다' 참조

8월의
모든 역사

8월 7일

■
■
■

1947년 8월 7일

노르웨이의 탐험가 헤위에르달,
뗏목을 타고 폴리네시아 군도에 도착하다

"부모님이 아직 살아 계신가요?"

폴리네시아 항해에 나서는 헤위에르달에게 한 지지자가 물었다. 헤위에르달이 "그렇소."라고 대답하자 그 사람이 말했다.

"그럼, 부모님이 당신의 사망 소식을 들으면 몹시 슬퍼하시겠군요."

누가 보더라도 남미 대륙에서 남태평양의 폴리네시아 군도까지 8,000km의 거리를 뗏목으로 항해하려는 시도는 불가능해 보였다.

노르웨이의 탐험가이자 인류학자인 토르 헤위에르달(Thor Heyerdahl : 1914~2002)는 호주 대륙 동쪽에 있는 남태평양 폴리네시아 섬들의 문화가 동남아시아에서 기원한 것이 아니라 남미의 페루에서 기원한 것으로 생각하고 항해에 나선 것이었다.

헤위에르달은 1914년 10월 6일 노르웨이의 라르빅에서 태어났다. 그는 어려서부터 동물과 자연을 좋아했다. 1937년에는 오슬로 대학교에서 동물학을 공부하였다.

그리고 1947년 잉카 문명의 이동을 증명하기 위해서 콘티키Kon-Tiki라는 뗏목을 이용하여 태평양을 항해하기로 결정하였다.

수많은 군중들이 이들의 출항을 지켜보려고 4월 28일 페루의 카야오 항으로 모여들었다. 정부의 고위 인사들과 외교관들도 군중 속에 있었다. 헤위에르달이 새장에서 풀려난 앵무새를 잡으려고 허둥대는 모습을 군중들이 쳐다보고 있을 동안, 애인과 작별 인사를 한 대원들이 하나둘 잉카 제국에서 사용한 뗏목을 본뜬 콘티키호로 돌아왔다.

모터보트에 타고 있던 영화 촬영팀의 촬영 기사는 항해의 극적인 순간을 잡으려고 바닷속으로 뛰어들었다. 항구에서 멀리 떨어진 곳에 이르자 예인선의 밧줄이 풀렸다. 콘티키호는 잠시 멈칫거렸으나 거센 남동풍을 맞고는 텅 빈 남태평양 바다로 점이 되어 사라졌다.

하지만 첫날 밤부터 바다는 사나운 몸짓을 하였다. 바람이 거세지고 물결이 높아지면서 높이 솟아오른 파도가 콘티키호를 사정없이 내리쳤다. 키를 잡고 있던 한 대원이 파도를 피해 껑충 뛰면서 대나무 기둥에 매달렸다. 파도가 배 정면에서 솟아올라 배의 고물을 가라앉혔다.

그런데 신기하게도 뗏목은 마치 코르크 마개처럼 다시 솟아올랐고 안으로 들어온 파도는 틈새로 빠져나갔다. 이렇게 파도와 씨름하면서 3일이 흘렀고 바다는 잠잠해졌다.

"마치 공포가 온몸을 뚫고 지나가는 것 같았죠. 무슨 이득을 얻으려고 이처럼 내가 항해를 계속해야 하는 것인지……. 만약 이러다가 대원 한 사람이라도 잃으면 모든 게 끝장이었죠."

헤위에르달의 말처럼 공포와 회의감은 항해 내내 대원들을 괴롭혔지만, 평생 잊지 못할 추억도 간직할 수 있었다. 아침이면 눈부신 태양이 대원들의 잠을 깨웠고, 밤이면 셀 수 없는 수많은 별들이 잠을 설치게 하였다. 가끔은 뗏목을 따라다니는 날치가 안으로 뛰어들기도 했고, 그것들은 가공식품에 물려 있던 대원들에게 좋은 요깃거리가 되었다.

그들은 계속 항해했고 배에서는 날마다 같은 일들이 반복되고 있었다. 거센 파도뿐만 아니라 길이가 15m나 되는 상어도 만났지만 그들의 항해를 막지는 못했다. 그리고 8월 7일, 헤위에르달과 대원들 앞에 낯선 산호섬들이 보이기 시작했다.

"나는 너무나 감격했습니다. 무릎을 꿇고 물기 없는 따듯한 모래 속에 손가락을 밀어 넣었습니다."

헤위에르달은 뗏목을 타고 태평양을 건넌 감동을 이렇게 표현했다. 콘티키호의 항해는 고대 페루 주민들이 폴리네시아로 이주하여 거석트 石 문화를 전파시켰다는 가설을 입증한 것이었다. 제2차 세계 대전 이후 최초의 모험과 낭만이 가득한 항해는 이렇게 끝났다.

그리고 헤위에르달은 콘티키 배를 이용한 남태평양 항해를 널리 알리기 위해서 콘티키 박물관을 오슬로에 건립하였다.

하지만 모든 문화가 어느 한 곳에서 다른 곳으로 이동하여 영향을 주었다는 문화 전파론의 입장으로 폴리네시아 문화 전체를 설명할 수는 없다. 왜냐하면 폴리네시아인들 또한 다른 종족들이 가지고 있지 않은 그들만의 문화가 있기 때문이다.

이후 헤위에르달은 1970년에 이집트 문명이 대서양을 건너갔다는 것을 증명하기 위해서 라RA라는 배를 이용하여 대서양을 항해하기도 하였다.

헤위에르달은 2002년 4월 10일 88세를 일기로 사망하였다.

1960년 8월 7일

서아프리카의 코트디부아르, 프랑스로부터 독립

서아프리카 남서부에 있는 코트디부아르는 가나, 라이베리아 등과 국경을 접하고 있다. 유럽인이 오기 이전에 크루족, 쿠아쿠아족, 아칸족 등이 씨족사회를 이루고 있었다.

코트디부아르는 프랑스어로 '상아 해안Ivory Coast'이라는 뜻으로, 15세기 후반부터 이곳 해안에서 상아를 산출한 데서 유래하였다. 이것이 유럽에 알려지면서 코트디부아르는 노예와 상아 무역의 중심지가 되었다.

1889년 8월에 체결된 영불 협정으로 프랑스의 세력 범위에 들어갔고, 1893년 3월에는 프랑스의 자치령이 되었다.

그러나 1940년대부터 독립 운동이 본격적으로 일어났다. 펠릭스 우
푸에부아니(Félix Houphouët-Boigny : 1905~1993)가 이끈 아프리카 민주
연합RDA이 중심이 되어 1957년 자치정부를 수립하였으며, 이듬해 프랑
스 공동체의 일원으로 자치공화국이 되었다.

그리고 1960년 8월 7일 프랑스로부터 완전히 독립하였다. 그해 11월
우푸에부아니가 초대 대통령으로 취임하여 경제 발전을 지속적으로 추
진하였다. 하지만 1993년 그가 사망하자 쿠데타 등이 이어지면서 불안
이 계속됐다. 결국 정부군과 반군 사이에 내전이 일어나 2002년 9월부
터 프랑스군과 유엔평화유지군이 주둔하였다.

2012년 현재 알라산 드라만 우아타라(Alassane Dramane Ouattara :
1942~) 대통령이 이끌고 있으며, 친서방 온건 정책을 펴고 있다.

1876년 8월 7일

독일의 여성 스파이 마타 하리 출생

"그녀는 모든 질문에 성실하게 대답하기는 했지만 매우 적대적인 인상을
주었다. 그러나 그녀를 오랫동안 면밀하게 관찰한 결과 더 이상 아무것도
밝혀낼 수 없었다."

1915년 12월 독일 여성 스파이 마타 하리(Mata Hari : 1876~1917)가
영국 정부 요원들에 의해 처음으로 체포되었을 때 그녀의 심문을 담당
한 영국 정보국 대위의 말이다.

마타 하리는 1876년 8월 7일 네덜란드에서 태어났다. 본명은 마르가

레타 게르트루이다 젤레Margaretha Geertruida Zelle이다.

그녀는 19세 때인 1895년 네덜란드의 식민지인 인도네시아 주둔군 장교 매클라우드와 결혼하여 2명의 아이까지 낳았으나 이혼하였다. 1902년에 일자리를 찾아 프랑스 파리로 가서 프랑스 외교관과 동거를 시작하였다.

이후 타고난 미모와 누드에 가까운 무용으로 파리의 댄스홀에서 이름을 날렸다. 그녀와 관계한 사람들로는 독일의 황태자, 네덜란드의 수상 등이 있었다.

그러나 그녀는 제1차 세계 대전이 일어나자, 독일 측에 포섭되어 스파이로 활동하였다. 1917년 프랑스 당국에 의해 체포되었고 그해 10월 15일 총살되었다.

하지만 1999년 비밀이 해제된 영국 정보부 문서에 따르면 마타 하리가 군사 정보를 빼내어 독일 측에 넘겼다는 증거가 없다고 기록되어 있어 그녀가 독일의 스파이였다는 주장에 의문이 제기되고 있다.

한편 마타 하리는 말레이어로 '새벽의 눈동자'라는 뜻이다.

1960년 8월 7일

쿠바의 피델 카스트로, 미국계 기업의 자산 국유화 조치

1953년 7월 26일 피델 카스트로(Fidel Alejandro Castro Ruz : 1926~)는 부정부패로 국민의 미움을 받아온 독재자 풀헨시오 바티스타(Fulgencio Batista y Zaldivar : 1901~1973)를 축출하고자 쿠바 혁명을 이끌었다. 결국

1958년 연말에 그는 바티스타를 축출하는 데 성공하였다.

쿠바 혁명의 성공으로 카스트로는 1959년 1월 1일부터 집권을 시작하였다. 그는 곧바로 일정 한도 이상의 토지를 국가가 몰수하고, 외국인의 토지 소유를 금지했으며, 토지를 농민에게 무상 분배하는 획기적인 농지 개혁에 착수했다.

또한 그해 10월에는 쿠바 내에서 미국이 가진 이권을 폐기하고, 미국 자본이 착취하는 것을 제한하였다. 그리고 이듬해인 1960년 8월 7일에는 미국계 기업의 자산을 국유화했다.

이 과정을 무사히 끝낸 카스트로는 1961년 4월 16일 쿠바가 사회주의 국가임을 선언하였다. 이에 미국은 다음 날인 4월 17일 쿠바의 피그만을 침공했으나 실패하였다.

그 뒤부터 쿠바와 미국의 외교 관계는 단절되었다. 미국은 이후 40년 이상 쿠바에 대한 제재조치를 시행하였다.

한편 카스트로는 건강상의 이유로 동생 라울 카스트로(Raul Castro Ruz : 1931~)에게 직위를 넘긴 후 2008년 2월 19일 의장 및 최고 사령관직 사임을 발표하였다.

* 1959년 1월 1일 '쿠바, 카스트로 집권 시작' 참조
* 1961년 4월 16일 '피델 카스트로, 쿠바 사회주의 국가 선언' 참조
* 1961년 4월 17일 '미국, 쿠바 피그만을 침공하다' 참조
* 2008년 2월 19일 '쿠바 혁명의 지도자 피델 카스트로 사임 발표' 참조

8월의
모든 역사

8월 8일

■
·
·
·

1967년 8월 8일

동남아시아 국가연합이 결성되다

하나의 미래, 하나의 동일성, 하나의 공동체
10개의 국가, 1개의 공동체

-동남아시아 국가연합의 표어

1967년 8월 8일 태국 · 말레이시아 · 필리핀 · 인도네시아 · 싱가포르 등 5개국 외무장관들이 방콕 선언에 공동으로 서명하면서 동남아시아 국가연합이 결성되었다. 이 기구는 지역 협력 기구의 하나로 '아세안 ASEAN'이라 줄여 부르고 있다.

ASEAN이 결성되기 이전에는 1954년에 미국 주도로 만들어진 '동남아시아 조약기구SEATO'가 있었다. 이 기구는 동남아시아의 지역적 집단 안전 보장을 목적으로 하였다. 하지만 미국의 군사 동맹국인 필리핀과 태국을 제외하고는 동남아시아 국가들의 큰 관심을 끌지 못했다.

1961년에는 동남아시아연합ASA이 말레이시아 · 필리핀 · 태국 등 3국에 의해 태국 방콕에서 설립되었고, 아세안은 이 연합을 더욱 발전시킨 것이다.

ASA는 정치적인 문제보다는 경제 · 사회 · 문화 등의 문제에 서로 협력하자는 것에 초점을 두었다. 그러나 이 기구는 1963년에 활동이 정지되고 말았다. 필리핀이 말레이시아의 사바Sabah 지역에 대해 영유권을 주장하면서 두 나라 사이에 관계가 악화되었기 때문이다.

이러한 분쟁 속에서 1963년에 말레이시아는 사바와 사라와크주를 포함한 말레이시아 연방을 발표하였다. 그러자 말레이시아는 필리핀뿐만 아니라 인도네시아와의 관계도 악화되었다.

해체된 동남아시아 국가의 지역 협력을 위해 태국의 타낫 코만 (Thanat Khoman : 1914~) 외무장관은 1963년부터 1965년까지 말레이시아와 필리핀 · 인도네시아의 대결을 중지시키려고 노력하였다.

필리핀의 마르코스(Ferdinand Edralin Marcos : 1917~1989) 대통령도 1965년에 사바에 대한 영유권 주장을 일시적으로 중단하였고, 말레이시아와 대립 정책을 이끌던 인도네시아의 수카르노(Haji Mohammad

Sukarno : 1901~1970) 대통령도 국내에서 정치적 영향력이 떨어지고 있었다.

특히 동남아시아 지역에서 일어나고 있는 주변 정세 변화는 아세안의 결성을 촉진시키는 계기가 되었다. 베트남에서는 미국과의 전쟁이 격화되고 있었으며, 싱가포르는 말레이시아 연방으로부터 독립하였다. 그리고 중국에서 문화대혁명이 계속되자 그 영향이 동남아시아까지 이를 염려가 있었다.

무엇보다 아세안 결성을 위한 중대한 변화는 1965년 인도네시아에서 수카르노가 대통력직에서 쫓겨나고 수하르토(Haji Mohammad Soeharto : 1921~2008)가 권력을 잡은 이후에 일어났다.

수하르토 집권 이후 인도네시아와 말레이시아는 서로 화해하였고, 3년 만인 1966년에 인도네시아 · 말레이시아 · 필리핀 세 나라는 국교를 정상화하였다. 이러한 정세 변화에 맞추어 '동남아시아연합'을 강화해야 한다는 의견이 나왔고, 1966년 8월에 새로운 지역 협력 기구를 수립하자는 논의가 시작되었다.

이듬해 7월 인도네시아의 아담 말리크(Adam Malik : 1917~1984) 외무장관이 태국 방콕을 방문하여 꼬만 외무장관과 함께 새로운 지역 협력 기구 결성에 구체적인 합의를 하였다.

이들의 노력을 말레이시아와 싱가포르가 환영하였고, 미국에 안보를 의지하고 있던 필리핀과 태국도 적극적으로 참여하여, 마침내 그해 8월에 '동남아시아연합'을 발전적으로 해체하여 아세안을 결성하게 되었다.

동남아시아의 평화와 중립을 선언하며 지역 협력 기구로 출발한 아세안은 처음부터 국제 정치 무대에 영향력 있는 기구로 출발한 것은 아니었다. 회원국들은 모두 국내 문제에만 관심을 기울이고 있었고, 베트남 전쟁에서 미국을 지원하던 태국과 필리핀은 거의 전쟁 상태에 있어 아세안에 관심을 가질 여유가 없었다.

하지만 1970년대에 접어들면서 아세안은 회원국 간의 협력을 강화해야 할 상황으로 몰리게 되었다. 미국이 베트남 전쟁에서 물러난 이후 인도차이나 반도의 베트남 · 라오스 · 캄보디아 3개국이 공산화되었기 때문이다.

이에 따라 이들과 국경을 맞대고 있던 태국은 안보의 위협을 받게 되었고, 말레이시아도 국경 지역에서 공산 게릴라의 활동이 점점 확대되었다. 다른 나라들도 정도의 차이는 있었지만 공산 세력이 사라진 것은 아니었다.

그리고 아세안 5개국은 세계적인 불황과 선진국들의 보호 무역 강화로 인해 경제 협력을 더욱 강화할 필요를 느꼈다. 결국 1976년과 1977년에 인도네시아와 말레이시아에서 열린 정상회담을 통해 정치적 중립을 표방하며 아세안이 국제 정치 무대에 등장하였다. 미국의 후퇴와 중국과 소련의 영향력 확대 그리고 인도차이나 반도의 변화에 적극적으로 대응하기 위해서였다.

이후 아세안은 냉전 해체와 소련 붕괴와 같은 국제 정세 변화에 따라 점차 회원국을 확대하였다. 1984년에 브루나이가, 1995년에는 베트남이 회원국이 되었고, 라오스 · 미얀마 · 캄보디아 등도 아세안에 가입하였다. 2012년 현재 가입국은 총 10개국이다.

* 1955년 2월 19일 '동남아시아 조약기구 발효' 참조

* 1965년 8월 9일 '싱가포르, 말레이시아에서 분리 독립 선언' 참조

* 1966년 5월 16일 '중국, 문화대혁명이 시작되다' 참조

* 1998년 5월 21일 '수하르토 인도네시아 대통령 사임 발표' 참조

——

1900년 8월 8일

제1회 데이비스컵 테니스 선수권 대회,
미국에서 개막

——

데이비스컵Davis Cup은 테니스 올림픽이라고도 불리는 세계 최고 권위의 남자 테니스 국가 대항 토너먼트이다.

1899년 미국 테니스 국가대표였던 드와이트 데이비스(Dwight Filley Davis : 1879~1945)가 처음 제안하여 그의 이름을 딴 대회가 되었다. 당시 그는 미국과 영국 간의 국제 테니스 경기를 제안하고 700달러의 순은제 컵을 미국 테니스 협회에 기증하였다.

그래서 이듬해인 1900년 8월 8일 미국의 롱우드에서 제1회 데이비스컵 테니스 선수권 대회가 열렸다. 이 시합에서는 3대 0으로 미국이 영국을 이겼다.

1903년 제3회 대회까지는 미국과 영국의 두 국가만이 대결하는 형식을 취하다가 1904년 벨기에와 프랑스가 참가하였고, 1912년 국제테니스연맹ITF이 창설되면서 연맹이 주관하는 대회로 확대되었다.

이후 데이비스컵 대회는 전년도의 성적에 따라 상위 16개국이 본선에 진출하여 이들 사이의 토너먼트에 의하여 최종 우승 국가를 가리도록 하였다. 경기는 3일에 걸쳐 2단식, 1복식, 2단식 순서로 진행되며 모든 경기는 상대방과 2게임 이상의 차로 이겨야 세트를 따게 되는 5세트 노-타이 브레이크no-tie break로 운영된다.

데이비스컵은 매년 개최되며 우승 국가가 1년간 우승컵을 보관한다. 데이비스컵 보유국을 '챔피언 네이션Champion nation'이라 한다.

—
1945년 8월 8일

소련, 일본의 만주국을 침공하다
—

1939년 만주와 몽골의 국경 지대인 노몬한에서 일본군과 몽골 · 소련군 간에 대규모 충돌이 일어났다. 하지만 양국은 서로 극동에서의 전쟁을 피하려 했기 때문에 그해 9월 소련과 일본은 불가침 조약을 맺었다.

이후 소련은 1945년 2월에 열린 얄타 회담을 통해 유럽에서의 제2차 세계 대전이 끝난 3개월 후에 태평양 전쟁에 참전하기로 약속하였다.

그리고 정확히 나치 독일이 연합국에게 항복한 5월 7일에서 3개월이 지난 8월 8일 소련은 일본의 괴뢰 정권인 만주국을 침공하였다. 이른바 '8월 폭풍 작전'의 시작이었다.

소련은 독소 전쟁으로 경험을 쌓았고 질적으로 크게 발전한 데 비해 일본군은 전력의 태반이 남방으로 가 있었고 새로 모집한 병력은 훈련 부족과 소총조차 제대로 지급 못하는 물자 부족 상태에 있었다.

이 때문에 소련은 만주 곳곳에서 일본 관동군을 격파하여 승리하였다. 이에 일본은 8월 15일 무조건 항복을 선언하였다. 이 전투는 일본의 항전 의지를 완전히 꺾어 제2차 세계 대전의 종전을 앞당기는 데 기여하였다.

소련은 이 전투의 승리로 이듬해인 1946년 2월에 사할린 섬 남부와 쿠릴 열도에 속한 4개 섬, 하보마이, 시코탄, 구나시리, 이투루프 등의

일본 북방 영토를 빼앗아 소련의 영토로 만들었다. 그리고 소련은 만주
와 38선 이북의 한반도 북부 지역을 점령하였다.

* 1945년 5월 7일 '독일, 연합국에 항복 선언' 참조
* 1945년 8월 15일 '일본의 히로히토 천황, 항복 선언을 하다' 참조
* 1946년 2월 20일 '소련, 일본령 동북방 4개 섬을 소련 영토로 편입' 참조

1220년 8월 8일

에스토니아, 스웨덴과의 전투에서 승리하다

1220년 초, 스웨덴의 국왕 요한 1세는 이웃 나라인 에스토니아를 침
략하였다. 이 지역은 아직 십자군의 손길이 뻗치지 않은 곳으로서 요한
1세는 이곳을 스웨덴령으로 편입시키고자 하였다.

요한 1세는 에스토니아에 도착하자마자 소형 요새를 지을 것을 명령
하였다. 그리고 린쾨핑의 주교 카를 마그누손과 사령관 카를 되베에게
방어를 맡기고 원정을 떠났다.

그 사이 에스토니아군이 새벽에 요새를 공격하여 양국 간에 치열한
전투가 벌어졌다. 8월 8일의 일이었다.

이후 전세가 불리해진 스웨덴군은 덴마크령 탈린으로 탈출을 시도하
였으나 극소수만이 탈출에 성공하였고, 나머지는 모두 전사하고 말았다.

결국 전투는 에스토니아군이 승리하였다. 이 전투의 패배로 스웨덴
은 에스토니아로의 진출을 포기하였다. 대신 덴마크인과 독일인으로
구성된 세 기사단, 리보니아 검의 형제 기사단, 리보니아 기사단, 튜튼

기사단이 에스토니아 지역을 대신 차지하였다.

스웨덴은 1526년에 가서야 에스토니아로 다시 진출할 수 있었다.

1949년 8월 8일

부탄, 인도로부터 독립

부탄은 인도와 티베트 사이에 있는 나라로 히말라야 산맥 동부에 위치해 있다. 1947년 인도가 영국으로부터 독립하자 1949년 인도와 외교권을 위임하는 우호조약을 체결하여 1949년 8월 8일에 독립하였다.

부탄은 국왕이 국가를 대표하는 입헌군주국으로서 1972년에 즉위한 지그메 싱예 왕추크(Jigme Singye Wangchuck : 1955~) 국왕이 나라를 다스리다가 2006년부터 그의 아들인 지그메 케사르 남기엘 왕추크(Jigme Khesar Namgyel Wangchuck : 1980~)가 통치하고 있다.

특히 부탄 정부는 전통문화와 자연환경 보호를 이유로 국경에 여행 금지선을 설정하여 관광객을 제한하고 있다.

8월의
모든 역사

8월 9일

■
■
■

—

378년 8월 9일

서고트족과 로마군, 아드리아노플 전투를 시작하다

—

게르만인들은 무시무시한 눈에 옅은 머리색을 하였고 잽싸며 몸집
도 컸다. 가장 부유한 자들은 치렁치렁 늘어진 옷이 아닌 꼭 끼고
가랑이가 갈라진 옷을 입었다. 여자들은 남자들과 비슷했지만 자줏
빛을 수놓은 린넨 저고리를 입었다.

-타키투스, 『게르마니아』

고대 로마 제정 시대의 역사가인 타키투스(Publius Cornelius Tacitus : 55?~117?)가 언급한 '게르만German'이라는 말은 『게르마니아Germania』가 쓰여진 1세기까지만 하더라도 비교적 새로운 어휘였다. 게르만은 원래 한 부족의 이름이었는데, 나중에 게르만어를 사용하는 족속 전체를 일컫는 말로 확대된 것으로 보인다.

게르만족의 기원지는 스칸디나비아반도 남부에서 덴마크 반도와 북부 독일에 이르는 지역으로 추정되며, 남방 인종보다 큰 몸과 금발 그리고 푸른 눈을 가진 북방 인종에 속한다. 오늘날의 독일인 · 앵글로색슨인 · 네덜란드인 · 덴마크인 · 노르웨이인 · 스웨덴인이 게르만인의 후손이다.

이들은 기원전 2세기 이전에 이동을 시작하여 북부(덴마크족 · 노르웨이족) · 동부(서고트족 · 동고트족 · 부르군드족) · 서부(프랑크족 · 롬바르드족 · 앵글족) 게르만을 형성하였으며, 로마 제국과 접촉한 것은 기원전 2세기 무렵이다.

하지만 게르만족은 로마와 같이 국가를 이룬 것이 아니라 부족 단위를 이루고 있었을 뿐이었다. 로마 제국의 변방에 위치하여 용병으로 참가하기도 하였다. 이들은 끊임없이 로마 제국 안으로 들어오려고 시도하였지만, 로마의 전성시대에는 아무런 성과를 거둘 수 없었다.

하지만 마르쿠스 아우렐리우스(Marcus Aurelius Antoninus : 121~180) 집권 말기에 게르만족의 로마 침입은 점점 늘어났다. 특히 4세기 이후 훈Hun족이 게르만족을 침입하면서 게르만족의 대이동이 시작되었으며, 게르만족은 로마 제국에 침입하여 로마를 무너뜨리고 곳곳에 나라를 세우게 되었다.

일반적으로 게르만족을 침략한 훈족은 중국 측 기록에 보이는 흉노족匈奴族으로 이해되고 있다. 흉노족은 중앙아시아에 근거지를 두고 있었으며, 중국 한나라 무제(武帝 : B.C. 156~B.C. 87)가 흉노족을 무찔렀을 때 내분이 일어나 기원후 1세기 무렵이 되어 남과 북으로 나누어졌다.

2세기에 남쪽에 있던 흉노가 북쪽의 흉노를 무찌르자, 북쪽의 흉노족은 아랄 해로 흐르는 옥수스 강 부근으로 이동한 무리와 카스피 해 북쪽으로 흐르는 볼가 강과 우랄 강 쪽으로 이동한 무리로 나뉘어졌다.

그리고 볼가 강과 우랄 강의 흉노들이 중국에서 쫓겨난 남방 흉노와 결합하여 서쪽으로 진출하기 시작했다. 이들은 372년 무렵에 아란족Arans을 무찔러 흡수하였고, 동부 게르만족인 고트족Goths을 넘보기 시작했다.

동고트족을 이끌던 헤르만리크는 흉노족을 맞아 싸웠으나 이겨내지 못하고 서고트족 지역으로 달아났다. 흉노족은 다시 서고트족을 공격하여 서고트의 왕 아타나리크를 로마로 몰아냈다.

쫓겨난 아타나리크는 376년 도나우 강 남쪽으로 건너와 로마 제국의 영내에서 거주할 수 있도록 해 달라고 로마 황제 발렌스에게 요청했다. 황제는 아타나리크의 청을 받아들여 트라키가 지방에 있는 황무지에 살게 했다.

동로마제국의 영토 안으로 서고트족의 일부가 들어오자 동고트족도 따라서 들어오려 했다. 하지만 로마 황제는 이것을 거절하였고, 영토 안으로 들어왔던 서고트족을 학대하였다. 더구나 동로마인들은 서고트인들에게 아주 비싼 값으로 빵과 고기를 팔았다. 결국 불만이 쌓인 서고트족과 탄압하는 로마군 사이에 전투가 일어났다.

서고트족은 지도자 프리티게른이 지휘하고 있었으며 군인들은 대부분 서고트인이었으나 동고트인과 알란족, 흉노족 출신도 일부 있었다.

고트족 군대는 로마의 속주를 약탈하기 시작하여 아드리아노플(지금의 터키 에디르네) 부근까지 진격하였다.

이에 대항해 378년 8월 9일 로마 황제 발렌스는 약 6만 명의 군대를 이끌고 고트족이 머물고 있는 야영지로 진군하였다. 고트족의 프리티게른은 말 먹일 풀을 구하기 위해 군대의 일부를 다른 곳에 보낸 상태라서 일단 발렌스에게 협상을 제의했다.

발렌스도 지친 군대를 쉬게 하고 전투 대형을 갖추기 위해 제의를 받아들였다. 하지만 군대가 전투 대형을 갖추자 발렌스는 공격 명령을 내렸다. 고트족 일부 병력이 빠진 틈을 노렸던 것이었다.

로마군이 진군하면서 전투가 시작되었다. 하지만 바로 이 순간 말 먹일 풀을 구하러 갔던 고트군이 돌아왔고, 이들은 언덕 위에서 전투를 바라보다가 로마군을 급습하였다. 그 결과, 황제 발렌스가 전사하였고 4만 명의 로마 군대는 몰살되었다.

서고트족의 아드리아노플 전투 승리로 로마는 150년간 무정부 상태로 내몰렸고, 게르만의 여러 부족들은 로마 제국을 마음대로 넘나들었다.

결국 훈족의 침입에 따른 게르만 제국의 대이동은 로마 제국의 몰락으로 이어지게 되었으며, 민족적 또는 지리적으로 오늘날의 유럽 세계를 이룬 원인이 되었다. 그리고 아드리아노플 전투는 그리스 · 로마의 고대를 벗어나 중세로 들어가는 첫 번째 관문이 되었다.

* 180년 3월 17일 '로마 황제이자 철학자였던 아우렐리우스 사망하다' 참조
* 2004년 4월 22일 '『명상록』 쓴 로마 아우렐리우스 황제의 두상, 요르단에서 발견' 참조

1993년 8월 9일

일본, 최초의 연립 정권 출범

1993년 6월 자유민주당自由民主黨의 미야자와 기이치 내각 불신임안이 가결되면서 중의원이 해산되었다. 이에 따라 일본은 7월에 중의원 총선거를 실시하였다. 선거 결과, 자유민주당이 참패하였다.

이에 신생당新生黨 등 7개 정당은 자유민주당에 반대하는 연립 정권을 일본 의회 역사상 최초로 수립시켰다. 8월 9일의 일이었다.

수상으로 호소카와 모리히로(細川護熙 : 1938~), 부총리 겸 외상으로 하타 쓰토무(羽田牧 : 1935~)가 선출되었다.

이로 인해 일본의 보수 정당들 중 최대 파벌을 형성하고 있던 '자유당'과 '민주당'이 합당하여 결성된 자유민주당은 제1야당으로 전락해 그들만의 38년 체제가 붕괴되었다.

자유민주당은 1976년의 록히드 사건, 1988년의 리쿠르트 사건, 1993년 가네마루 부총재의 거액 탈세 사건 등으로 부정부패가 심각한 수준에 이르게 되었다. 그러자 일본 국민들의 불신이 극을 치닫게 되어 결국 새로운 정당에 대한 지지가 점점 커지게 되었던 것이다.

그러나 이 연합 정권은 채 1년을 버티지 못하고, 자유민주당을 중심으로 한 연립 정권에 여당 자리를 다시 내주었다.

* 1976년 2월 24일 '일본 검찰, 록히드 사건 수사 시작' 참조
* 1989년 4월 25일 '다케시타 노보루 일본 수상, 리쿠르트 사건 관련 사임'
  참조

1896년 8월 9일

스위스의 심리학자 피아제 출생

"교육의 목적은 지식의 양을 증가시키는 데 있는 것이 아니라 발견하고 발
명해 낼 수 있는 가능성을 창조하는 데 있다. 우리가 아이들을 너무 빨리
가르치려 한다면 아이들은 발명과 발견에서 멀어지게 될 것이다."

-장 피아제

1896년 8월 9일 스위스에서 태어난 장 피아제(Jean Piaget :
1896~1980)는 아동 발달 심리학의 대가이다. 그는 처음에는 스위스 뇌
샤텔 대학교에서 연체동물학을 전공하였다. 하지만 후에 어린이의 인
지 발달 연구에 관심을 기울였다.

그에 따르면 아동은 자기를 중심으로 사물을 판단하며, 거꾸로 되짚
으며 생각하는 사고 능력은 없지만 자발성과 창조성을 가지고 태어난
다고 한다. 즉 아동은 세상을 이해하는 나름대로의 틀을 가지고 있는
적극적인 존재라는 것이다.

피아제는 아동이 학습을 할 때 교사는 지식을 전달하는 사람이 아니
라 아동 스스로가 학습할 수 있도록 상황을 만드는 조력자가 되어야 한
다고 주장했다. 그가 연구한 인지 발달 이론은 학습자와 학습을 이해하
는 데 중요한 역할을 하고 있으며, 심리학과 교육학에 큰 영향을 끼쳤다.

피아제는 『아동의 도덕적 판단』 『지능 심리학』 『발생적 인식론 서설』
등의 저서를 남겼다. 1980년 84세를 일기로 사망하였다.

1965년 8월 9일

싱가포르, 말레이시아에서 분리 독립 선언

싱가포르 섬을 중심으로 약 40개의 작은 섬들로 이루어진 싱가포르는 16세기 이후 포르투갈과 네덜란드의 지배를 받았다. 그러나 1819년 영국이 네덜란드에 대항하기 위해 이곳을 사들이면서 영국의 지배를 받았다. 이후 싱가포르는 동양 무역의 거점이 되었다.

제2차 세계 대전이 끝난 후에 리콴유(李光耀 : 1923~)는 반反식민 · 반反서양의 정치 구호를 내세우며 독립 운동을 시작하였다. 이에 영국은 1959년 싱가포르를 자치령으로 만들었다. 1963년에 싱가포르는 말레이연방 · 사바 · 사라와크와 함께 말레이시아 연방에 가입하였으나 1965년 8월 9일 분리 · 독립을 선언하였다.

이후 1968년에 실시된 총선에서 리콴유가 이끄는 인민행동당이 거의 전 의석을 차지하면서 안정과 번영을 이룩하였다.

2004년부터는 리콴유의 아들인 리셴룽(李顯龍 : 1952~)이 총리에 당선되어 내각을 이끌고 있다. 또한 해상 동서 교통의 중요 지점에 자리 잡은 지리적 위치를 이용해 자유무역항으로 번창하고 있다.

* 1967년 8월 8일 '동남아시아 국가연합이 결성되다' 참조

8월의
모든 역사

8월 10일

.
.
.

1519년 8월 10일

포르투갈의 항해가 마젤란, 세계 일주를 위해 에스파냐의 세비야에서 출항하다

1520년 11월 28일 수요일, 우리는 해협을 통과하여 태평양으로 진입했다. 우리는 석 달 하고도 이십 일 동안 신선한 음식이라곤 전혀 입에 대지 못하였으며 바구미가 들끓고 역한 쥐오줌 냄새를 풍기는 먼지덩이에 지나지 않는 비스킷을 먹고 있다. 또 우리는 닻줄을 보호하기 위해서 씌워놓은 소가죽도 일부 먹어 치웠다. 그러나 그 가죽들은 햇볕과 비바람으로 인해서 너무도 딱딱해져 있었기 때문에 그것들을 4~5일 동안 바닷물에 담가서 부드럽게 하지 않으면 안 되었다. 그러고 나서 그것들을 잠시 약한 불 위에 놓아두었다가 먹었던 것이다. 우리는 종종 나무 톱밥도 마찬가지 방법으로 먹곤 했다.

-안토니오 피카페카, 항해 일지

　15세기 말, 포르투갈과 에스파냐는 해상무역의 패권을 놓고 경쟁을 벌였다. 일단 포르투갈의 경우, 엔리케 왕자(Henrique : 1394~1460)가 아프리카 서해안 탐사를 적극적으로 지원하였다. 그 결과, 1488년 바르톨로메우 디아스(Bartolomeu Dias : 1450?~1500)는 아프리카 최남단 희망봉에 도착하였고, 1498년에는 바스코 다 가마(Vasco da Gama : 1460?~1524)가 인도 항로를 개척하였다.

　하지만 에스파냐도 만만치 않았다. 1492년 에스파냐의 후원을 받은 이탈리아 출신의 항해가 크리스토퍼 콜럼버스(Christopher Columbus : 1451~1506)가 서인도 제도에 도착하여 신대륙을 발견하였고, 1522년에는 페르디난드 마젤란(Ferdinand Magellan : 1480~1521)이 최초로 세계 일주에 성공하였다.

　페르디난드 마젤란은 1480년 포르투갈의 북동부 트라주즈의 하급 귀족으로 태어났다. 그는 1504년부터 포르투갈령 인도 총독 알 메이타의 지배하에 있는 동남아시아에서 7년 동안 일하였다. 그러면서 몰루카 제도와 풍부한 향료의 거래에 관한 정보를 수집할 수 있었다.

　이후 마젤란은 서쪽 항로를 통해 몰루카 제도로 갈 계획을 세우고 고국인 포르투갈로 돌아와 마누엘 1세(Manuel I : 1469~1521)에게 항해 임무 등을 청원했으나 국왕이 받아들이지 않았다. 그러자 1517년 에스파냐로 건너가 카를로스 1세(Carlos I : 1500~1558) 국왕에게 재정 후원을 약속받았다.

　그리고 마침내 1519년 8월 10일 빅토리아 호를 포함한 5척의 배와 승무원 300여 명으로 된 선단을 이끌고 에스파냐의 세비야 항을 출발하였다. 그리고 그해 말경에 남아메리카의 리우데자네이루에 도착하였으며, 1520년 1월에는 라플라타 강 하류에 이르러 그곳에서 겨울을 지냈다.

이후 그는 대서양을 횡단하여 남아메리카의 대서양쪽 해안을 따라 남쪽으로 내려갔다. 하지만 제일 남단에 이르러 처음 들어가는 해협에서 폭풍우 등에 휘말려 타고 있던 산티아고 호가 난파되었다.

이런 고생 끝에 11월 28일 반대쪽 바다에 이르렀고, 너무 험난하게 해협을 건넌 직후에 마주한 잔잔한 바다에 감격하여 태평양이라 이름 지었다. 그리고 그가 지나온 해협은 후에 마젤란 해협으로 명명하였다.

마젤란은 동쪽으로 배를 돌려도 됐지만, 계속 서쪽으로 향했다. 하지만 항해는 3개월 이상이 걸렸다. 태평양에 대한 지식이 없었기에 태평양을 작은 바다로 예상했던 것이다.

마침내 1521년 3월 괌 섬에 도착하였고, 4월에는 필리핀 세부 섬에 도착하였다. 마젤란은 그곳에서 추장뿐만 아니라 부족민 800여 명을 가톨릭교도로 개종시킬 정도로 열심히 가톨릭을 전파하였다.

하지만 마지막 섬인 막탄 섬에 갔다가 추장 라푸라푸 측과 백병전이 벌어졌다. 전세가 불리해진 마젤란은 배로 돌아가서 총과 대포로 응사하라고 명령했다. 그러나 선원들이 말을 잘못 들어 모두 후퇴해 버렸고 남은 사람은 마젤란과 노예 엔리케, 서기 피카페타 등 12명뿐이었다. 결국 마젤란은 원주민들에 의해 4월 27일 목숨을 잃었다.

그가 죽은 지점이 인도 총독 밑에 있을 때에 와 본 적이 있는 몰루카 제도의 경선을 넘음으로써, 사실상 그의 세계 일주는 이루어진 것이다. 마젤란의 항해로 인해 지구가 둥글다는 사실을 실질적으로 입증하게 되었다.

마젤란 일행은 이를 '신대륙 발견'으로 여겼다. 하지만 원주민들의 입장에서는 마젤란의 '발견'은 억울하게 당한 '침략'이었을 뿐이었다.

그리고 그것은 이후 수백 년에 걸친 식민지 수탈과 압제가 시작된 역사
의 신호탄이었다.

한편 함대는 빅토리아호 1척과 18명의 선원으로 줄어들어 1522년 9
월 에스파냐로 겨우 귀환하였다.

* 1492년 8월 3일 '이탈리아의 콜럼버스, 제1차 항해를 떠나다' 참조

—

1792년 8월 10일

파리 시민, 튈르리 궁을 습격하여
루이 16세를 체포하다

—

스위스 루체른Luzern 시내에는 사자상이 있다. 이 조각상은 튈르리 궁전에
서 루이 16세를 보호하다가 죽어간 스위스 용병들을 기리기 위해 만든 것
이다.

프랑스 혁명 후 파리 시민들은 반反혁명의 위험으로 불안에 떨고 있
었다. 프랑스는 1792년 4월, 반혁명을 주도하는 오스트리아 · 프로이센
에게 선전포고하면서 '4월 전쟁'을 시작하였으나, 패전의 소식만이 파
리 시민들에게 들려오고 있었다.

루이 16세(Louis XVI: 1754~1793)가 반혁명 세력과 내통했다는 소문
이 돌자 시민들은 6월 20일 튈르리 궁정으로 들어갔다. 왕은 몰려온 시
민들과 어울려 술을 마시며 이들을 간신히 돌려보냈다.

한편, 프로이센의 사령관 브룬스비크는 혁명 세력을 몰아낼 것이라

는 포고문을 프랑스 국민들에게 발표하였다. 이에 왕의 처지는 더욱 곤란해졌고 파리 시민들은 점점 과격해져갔다.

8월 10일 마침내 파리 시민들 수만 명이 튈르리 궁전으로 다시 쳐들어가, 스위스 용병들을 물리치고 의회에 몸을 숨긴 루이 16세를 체포하였다.

그 결과, 프랑스는 온건한 입헌군주제에서 급진적인 공화제로 바뀌게 되었다.

* 1789년 7월 14일 '프랑스 혁명이 일어나다' 참조
* 1793년 1월 21일 '프랑스 루이 16세 처형' 참조

1913년 8월 10일

제2차 발칸 전쟁 종료

1913년 5월 30일 제1차 발칸 전쟁의 결과로, 오스만 제국은 이스탄불 주변을 제외한 유럽의 영토와 크레타 섬을 불가리아 · 세르비아 · 그리스 · 몬테네그로 등의 발칸 동맹국들에게 할양하는 런던 강화 조약을 맺게 되었다.

하지만 발칸 동맹국들 사이에 영토 분배 문제로 대립이 깊어졌다. 이에 발칸 지역에서 전쟁의 기운이 다시 한 번 감돌기 시작했고 불가리아가 선제공격에 나섰다.

불가리아는 그해 6월 오스만 제국이 할양한 마케도니아를 차지하기 위해 그리스와 세르비아를 공격하였다. 그리스와 세르비아는 반격하여

진격해 오는 불가리아 군대를 저지하였고, 루마니아와 몬테네그로 또
한 불가리아에 선전포고를 하였다.

결국 불가리아는 연합군의 공격을 견디지 못하고 8월 10일에 부쿠레
슈티에서 강화조약을 맺음으로써 제2차 발칸 전쟁은 종결되었다.

제2차 발칸 전쟁의 결과, 불가리아는 제1차 발칸 전쟁에서 얻은 영토
를 세르비아와 그리스, 몬테네그로에게 양보할 수밖에 없었다.

획득한 영토를 잃은 불가리아는 세르비아와 대립하게 되었고, 발칸
반도는 주변국의 정치적 이해관계가 얽힌 유럽의 화약고가 되었다.

결국 두 차례의 발칸 전쟁으로 나타난, 불가리아와 세르비아의 대립
과 같은, 발칸 제국의 민족주의는 이듬해 제1차 세계 대전을 일으키는
도화선이 되었다.

* 1913년 5월 30일 '제1차 발칸 전쟁 종결을 위한 런던 강화 조약 체결' 참조

1793년 8월 10일

프랑스의 루브르 박물관, 일반인에게 공개

루브르 박물관은 1200년 무렵에 필립 오귀스트(Philippe Augueste :
1165~1223) 왕이 파리를 보호하기 위해 '루파라Lufara'라고 부른 성을 세
운 것에서 기원한다.

샤를르 5세(Charles V : 1338~1380)는 자신의 통치 기간에 성을 왕궁
으로 바꾸었고, 프랑수아 1세(Fransois Ⅰ : 1494~1547)는 1546년에 대대
적인 보수를 하였다.

이후 왕들은 왕궁을 확장하거나 변형시켰으며, 17세기의 루이 13세 (Louis XIII : 1601~1643)와 루이 14세(Louis XIV : 1638~1715) 치하에서 오늘날의 모습을 갖추게 되었다.

프랑스 혁명 이후 왕정이 폐지되면서 국민의회의 결정에 따라 1793년 8월 10일부터 왕들이 보관하고 있던 소장품들을 일반인들에게도 공개하였다. 이로써 루브르는 궁전의 틀을 벗고 박물관으로 탈바꿈하기 시작했다.

이후 루브르 박물관은 미술관으로 정식 발족하고 5세기 동안 유럽 외 다양한 지역에서 수집한 회화, 조각 등 수많은 예술품을 꾸준히 수집하였다. 수집된 미술품은 고대에서 19세기까지의 오리엔트 및 유럽 미술의 모든 분야를 망라하였다.

루브르 박물관은 영국의 대영 박물관, 러시아의 에르미타슈 미술관과 함께 세계 3대 박물관으로 꼽힌다. 2012년 현재 30만 점가량의 예술품을 소장하고 있다.

1989년 8월 10일

콜린 파월, 미국 최초의 흑인 합참의장에 임명

콜린 파월(Colin Luther Powell : 1937~)은 1937년 미국 뉴욕에서 자메이카 이민자의 아들로 태어났다. 이후 그는 뉴욕 시립대학교에서 ROTC 장교로 임관한 후, 베트남 전쟁에 참전하였다. 베트남에서 돌아온 후에는 조지워싱턴 대학교에서 경영학 석사를 취득했다.

그 후 파월은 서독 주둔 미 5군단장, 백악관 안보 담당 보좌관 등 요직을 두루 거치고 1989년에는 대장General으로 승진하였다.

그리고 그해 8월 10일 흑인으로는 최초로 미국 합참의장에 임명되었다. 또한 당시 52세로 미국 최연소 합참의장이었으며, 사관학교를 거치지 않고 ROTC 출신으로는 처음으로 그 자리에 임명된 것이기도 했다.

이를 통해 파월은 미국에서 가장 존경받는 군인 중 한 명으로 뽑혔고, 이후 유력한 정치인으로 떠올라 1996년에는 대통령 선거 출마까지 고려하기도 하였다.

그리고 2001년에는 조지 부시(George Walker Bush : 1946~) 대통령에 의해 미국 최초의 흑인 국무장관으로 임명되었다.

2012년 현재 그는 뉴욕 시립대학교 파월센터를 통해 이민자와 극빈층을 위한 교육 활동에 주력하고 있다.

8월의
모든 역사

8월 11일

.
.
.

1521년 8월 11일

멕시코의 아즈텍 문명, 에스파냐에 의해 멸망되다

"평생을 통틀어 이토록 내 가슴을 뛰게 하는 것을 본 일이 없다. 나는 이 속에서 아름다운 예술의 극치를 보았다. 낯선 사람들의 날카롭고 섬세한 통찰력에 놀라지 않을 수 없다."

-알브레히트 뒤러

1521년 멕시코의 아즈텍을 정복한 에스파냐의 모험가 에르난 코르테스(Hernán Cortés : 1485 ~1547)가 국왕 카를로스 1세(Carlos I : 1500~1558)에게 아즈텍의 보물들을 보내왔다. 이것을 보고 벨기에 브루셀의 예술가 알브레히트 뒤러(Albrecht-Düre : 1471~1528)는 감탄을 금치 못했다.

코르테스는 황금을 찾아 아즈텍 사람들과 그들의 왕인 몬테수마 2세(Montezuma Ⅱ : 1466~1520)를 굴복시키고 아즈텍을 멸망시켰다. 그가 이끈 스페인의 원정대는 11척의 배와 508명의 병사, 약 100여 명의 선원 그리고 아즈텍 사람들이 처음 보는 말과 대포를 가지고 거대한 아즈텍 문명을 정복한 것이다.

아메리카 대륙의 원주민들은 베링 해협이 육지로 이어져 있을 때 건너간 몽골인들의 후손으로 추정되고 있다. 이들은 아메리카 대륙에서 여러 문명을 이룩하였다.

대표적인 것으로는 6세기 무렵 중앙아메리카 유카탄 반도에서 발생한 마야Maya 문명, 8세기 무렵 멕시코 계곡에서 발생한 톨테크Toltec 문명, 13세기 무렵 마야 문명과 톨테크 문명이 합하여 이루어진 아즈텍Aztec 문명, 그리고 같은 시기 남아메리카 페루 지역에서 발생한 잉카Inca 문명이 있다.

이 중 13세기에 시작된 아즈텍 문명은 1521년 코르테스에 의해 멸망될 때까지 신전, 상형문자, 달력 등을 만들면서 번영하였다. 아즈텍의 최고신은 태양신이었으며, 왕이 신정神政 정치를 하고 있었고, 아즈텍인들은 옥수수를 재배하면서 살았다.

이 문명이 처음 시작하였을 때의 인구는 500만 명으로 추정되고 있다. 에스파냐인에게 멸망하기 전까지는 700만 명에 이르렀던 것으로 보인다.

아즈텍 문명은 아직까지 많은 부분이 베일에 가려져 있지만 비교적 잘 알려진 아즈텍의 인류 기원 신화는 다음과 같다.

신들은 세상을 다시 창조하면서 다시 사람들이 살도록 해야겠다고 마음먹었다. 바람의 신인 케찰코아틀은 홍수로 인해 물고기로 변한 사람들의 뼈를 가져오기 위해 지하 세계로 내려갔다. 그 지하 세계는 믹틀란이라 부르는 위험한 곳으로 해골 모양을 한 신인 믹틀란테쿠틀리가 지배하고 있었다. 케찰코아틀은 믹틀란테쿠틀리와 그의 아내에게 말했다.

"나는 당신들이 가지고 있는 귀한 뼈를 찾으러 왔소."

믹틀란테쿠틀리가 물었다.

"당신은 그 뼈들로 무엇을 할 작정이오?"

"신들은 사람들이 땅 위에 다시 살게 되기를 간절히 바라고 있소."

케찰코아틀이 대답하자 믹틀란테쿠틀리가 한 가지 조건을 붙였다. 그것은 케찰코아틀이 소라고동으로 만든 나팔을 불면서 지하 세계를 네 바퀴 돌아야 한다는 것이었다. 하지만 믹틀란테쿠틀리가 건네준 것은 나팔이 아니라 구멍이 없어 소리가 나지 않는 평범한 소라껍질에 불과했다.

케찰코아틀은 벌레들을 불러서 소라껍질에 구멍을 뚫게 하고 그 안에 벌을 집어넣어 소리를 내도록 했다. 나팔소리를 들은 믹틀란테쿠틀리는 뼈를 가져가도록 하였다. 하지만 곧 돌아가는 길에서 훼방을 놓았다.

케찰코아틀은 이것을 잘 극복하였지만 갑자기 튀어나온 메추라기에 깜짝 놀라 믹틀란테쿠틀리가 부하들을 시켜 파놓은 구덩이에 빠졌다. 메추라기들은 흩어진 뼈들을 갉아먹어 여러 조각으로 부수었다. 이 때문에 사람들의 몸집이 모두 다르게 되었다.

죽음의 구덩이에서 부활하여 지하 세계를 빠져 나온 케찰코아틀은 뼈들을 가지고 '기원의 장소'로 가져가 뱀의 모양을 한 늙은 여신인 시우아코아틀에게 주었다. 여신은 뼈를 갈아 밀가루처럼 만든 후 성스런 단지에 담았다. 그러자 신들이 단지 둘레에 모여 자기들의 피를 단지 안에 떨어뜨렸다. 그러자 뼈 가루가 신의 피와 섞여 인간이 탄생하게 되었다.

아즈텍 문명은 1502년 왕으로 선출된 몬테수마 2세 때에 가장 넓은 영토를 차지하여 오늘날의 과테말라 국경에까지 이를 정도였다.

아즈텍인들은 자신들의 종족이 '바다 가운데 있는 세상의 중심'이라는 자부심을 가지게 되었고, 이것은 위대한 신인 우이질로뽀치틀리 Huitzilopochtli 신의 은총이며 신의 다음과 같은 예언 덕분이라고 믿었다.

"내 너희들을 이 세상 어디서나 왕으로 만들리니, 너희들이 왕이 되는 날에 모든 족속들이 공물을 바치리라."

하지만 최고 전성기에 있던 아즈텍 문명은 에스파냐의 무리들에게 1521년 8월 11일 멸망당하였다. 이후 300년 동안 에스파냐의 지배를 받게 되었다.

1919년 8월 11일

독일 공화국, 바이마르 헌법 제정

1919년 8월 11일 독일 공화국은 바이마르에서 열린 국민의회를 통해 바이마르 헌법을 제정하였다. 바이마르 헌법이 채택됨으로써 바이마르 공화국이 성립되었으며 필리프 샤이데만(Philipp Scheidemann : 1865~1939)은 초대 총리에 취임했다.

헌법 초안 작성은 내무부 차관이었던 후고 프로이스(Hugo Preus : 1860~1925)가 주도하였고, 사회학자 막스 베버(Max Weber : 1864~1920)가 자문위원으로 참여하였다. 7월 31일 국민의회는 새 헌법을 의결했고 8월 11일 공포되었다.

바이마르 헌법은 국민주권주의에 입각해 보통·평등·직접·비밀·비례대표 등의 원리에 의한 의원내각제를 채택하였다.

또한 처음으로 국민의 생활권을 기본적 인권으로 선언했으며 경제 활동의 자유를 제한적으로 규정하고 노동자의 단결권이나 노동권 등을 새로운 기본권으로 받아들였다.

그리고 언론·집회·신앙·양심의 자유를 인정하고, 의무교육과 사회보장제, 노동력 보호 등을 규정했다. 근대 헌법 사상 처음으로 소유권의 사회성, 재산권 행사의 공공성, 인간다운 생활을 보장하는 생존권을 규정했다.

이로써 바이마르 헌법은 20세기 현대 헌법의 전형이 되었으며, 이후 세계 민주주의 국가들의 법 제정에 있어 많은 영향을 끼쳤다. 당시까지 인류가 만들어낸 가장 민주적인 헌법이자 현대 복지국가의 초석을 다진 헌법으로 평가받고 있다.

하지만 대통령에게 총리 임면권, 의회 해산권, 긴급 명령권 등 너무 강력한 권한을 부여한 것은 문제점으로 지적되었다.

결국 파울 폰 힌덴부르크(Paul von Hindenburg : 1847~1934) 대통령은 1933년 1월 아돌프 히틀러(Adolf Hitler : 1889~1945)를 총리로 임명하면서 나치 정권을 탄생시켰다. 이에 바이마르 헌법은 14년 만에 실효성을 잃게 되었다.

* 1933년 1월 30일 '히틀러, 독일 수상으로 취임' 참조

—

1987년 8월 11일

앨런 그린스펀,
미국 연방 준비 제도 이사회 의장에 선출

—

앨런 그린스펀(Alan Greenspan : 1926~)은 1926년 미국 뉴욕에서 태어났다. 그는 뉴욕대학교에서 경제학을 전공했다.

그린스펀은 1968년 대통령 선거 당시 리처드 닉슨(Richard Milhous Nixon : 1913~1994)의 경제 고문을 맡은 것을 계기로 1974년에는 제럴드 포드(Gerald Rudolph Ford Jr. : 1913~2006) 대통령의 경제 자문 위원장으로 활약하였다. 그리고 1987년 8월 11일 로널드 레이건(Ronald Wilson Reagan : 1911~2004) 대통령에 의하여 연방 준비 제도 이사회 의장으로 발탁되었다.

연방 준비 제도 이사회FRB는 미국 화폐의 공급을 조절하고 연방 준비

은행을 감독하고 통제하는 기구로, 미국의 경제 정책 전반을 주도적으로 움직일 수 있는 막강한 권한이 있다.

이후 그린스펀은 18년간 네 차례나 연방 준비 제도 의사회 의장을 역임하면서 세계 경제에 전 방위적으로 영향력을 발휘하여 '세계의 경제 대통령'이라는 별칭을 얻기도 하였다. 특히 재임 기간 중에 검은 월요일 주식시장 붕괴와 닷컴 버블 붕괴에 적절히 대처하여 세계의 이목을 받았다.

그리고 1970년대 초 이후 28년 만의 최저 실업률, 29년 만의 재정 흑자 및 고성장 등을 이끌면서 미국 경제를 호황으로 만들었다.

2006년 1월에 그린스펀은 벤 버냉키(Ben Shalom Bernanke : 1953~)에게 의장직을 넘겨주었다. 2012년 현재 그는 연설, 컨설팅 활동을 하고 있다.

1960년 8월 11일

아프리카 중부의 차드, 프랑스로부터 독립

아프리카 중남부에 위치한 차드는 16세기에 이슬람 정권이 들어섰다. 하지만 19세기에 유럽 세력이 침입하면서 19세기 말엽에 프랑스의 식민지가 되었다.

1910년에는 콩고 · 가봉 · 중앙아프리카 등과 함께 프랑스령 적도 아프리카 식민지의 일부가 되었다. 그러나 제2차 세계 대전을 지나 1958년에 프랑스 공동체의 자치공화국이 되어 1960년 8월 11일에 독립하였다.

1965년 무렵에는 아랍계 이슬람교도가 중심이 된 북부와 동부의 주민이 수단계 사라족이 지배하는 남부의 중앙정부에 저항하여 독립을 요구한 바 있다. 이 내전은 30여 년 동안 지속되어 차드의 경제 성장을 저해하였다.

차드는 대부분의 지역이 사막 기후인 탓에 '아프리카의 죽은 심장'이라고 불리며, 2012년 현재 수단 · 소말리아와 함께 세계 최빈국으로 꼽힌다.

1984년 8월 11일

미국 대통령 레이건, 라디오 연설 마이크 테스트 중 "소련을 폭격하겠다"고 실언

"나의 친애하는 미국 시민 여러분, 나는 오늘 소련을 영원히 불법으로 만들 법안에 서명한 것을 여러분에게 보고할 수 있게 되어 기쁩니다. 5분 후에 폭격이 시작될 것입니다."

1984년 8월 11일, 미국의 로널드 레이건(Ronald Wilson Reagan : 1911~2004) 대통령은 라디오 연설에 앞서 마이크 테스트를 하려고 농담 한 마디를 던졌다.

하지만 이미 방송은 시작되고 있었고 레이건의 말은 전국으로 퍼져 나갔다. 미국 시민들은 순간 숨을 멈춘 채 레이건의 웃음소리를 들어야 했다. 이후 소련과의 관계는 더욱 악화되었다.

이미 레이건은 1981년에 소련을 '악의 제국'이라고 표현한 바 있었다.

8월의
모든 역사

8월 12일

.
.
.

2000년 8월 12일

러시아의 핵잠수함 쿠르스크호,
노르웨이 북부 바렌츠 해에 침몰하다

'올랴, 사랑해! 그리고 너무 가슴 아파하지 마. 여긴 지금 글을 쓰기에는 너무 어두워. 단지 깜깜한 속에서 느낌으로 글을 써 볼게. 기회가 없을 것 같아. 그래도 누군가 이 글을 읽어 주기만 해도 좋겠다. 너무 절망할 필요는 없어. 모두에게 안부를…….'

-드미트리 콜레스니코프, 쿠르스크호에 남긴 메모

1994년 러시아는 항공모함 추격과 격침을 위해 배수량 1만 3,900t에 길이 154m, 폭 9m인 신형 핵잠수함 '쿠르스크'호를 건조하였다. 쿠르스크호는 최대 24기의 핵탄두 미사일을 탑재하고 수심 500m에서 120일간 작전을 수행할 수 있었다.

하지만 2000년 8월 12일 쿠르스크호는 기동 훈련 도중 노르웨이 북부 바렌츠 해에서 침몰했다. 이 사고로 잠수함에 타고 있던 승무원 118명이 모두 숨졌다.

사고가 나자, 러시아 정부와 군은 쉬쉬하기에 바빴다. 대통령 취임 100일을 맞은 블라디미르 푸틴(Vladimir Vladimirovich Putin : 1952~) 대통령의 위신에 치명상을 줄 수 있다는 판단 때문이었다. 그래서 쿠르스크호 침몰 소식은 서방 언론을 통해 먼저 보도되었다.

러시아는 사고 발생 이틀이 지나서야 침몰 사실을 인정하였다. 뒤늦게 사고 현장에 나타난 푸틴은 승무원 유가족들의 항의를 받고 파격적인 보상을 약속했다. 하지만 러시아는 보안을 이유로 구조 작업에 적극적이지 않았다. 서방의 구조 지원도 처음에는 거절하였다.

그러다가 자체 구조가 어려워지자 영국과 노르웨이의 심해 지원팀에게 구조 지원을 요청하였다. 노르웨이 구조팀은 쿠르스크호 선체에 먼저 접근, 생존자가 없음을 확인하였고, 영국 구조팀은 승무원의 시신을 수습하는 데 도움을 주었다.

미국과 유럽 언론들은 사고 원인을 신형 무기 실험 과정에서 실수로 폭발이 일어난 때문인 것 같다고 보도했다. 환경단체와 핵안전 전문가 등은 방사능 누출 가능성을 경고했다.

하지만 러시아 정부는 처음에 사고 해역에서 정찰 활동을 하던 미국 또는 영국 잠수함과 부딪쳤다고 주장했다. 한 달이 지나서야 러시아는

"주변을 지나던 핵순양함 페테르대제호에서 잘못 발사된 어뢰를 맞아 침몰했다."는 조사 결과를 발표했다.

러시아는 소련 시절부터 잠수함 강국으로 평가받기도 하였으나 그만큼 잠수함 사고를 많이 겪기도 했다. 1960년대부터 20여 척의 잠수함이 바다에 가라앉았고, 2006년에는 바렌츠 해 비댜예프에서 핵잠수함 화재로 2명이 숨졌다. 이듬해인 2007년에도 노르웨이에 가까운 세베로드빈스크 항에서 잠수함 폭발 사고가 일어났다.

그리고 2008년 11월에는 블라디보스토크 부근에서 러시아 태평양 함대 소속 핵잠수함 네르파호에서 불이나 20명 이상이 숨졌다.

최신형 잠수함의 결함, 사고 탐지와 구조 능력 결여 등은 소비에트 연방 붕괴 후 러시아의 현 주소를 웅변하는 사건으로 평가되었다.

1905년 8월 12일

영국과 일본, 제2차 영일동맹 조인

영국과 일본 사이에 체결된 영일동맹은 3차례에 걸쳐 이루어졌다.

1902년 1월에 영국 런던에서 주영 일본 공사 하야시와 영국의 외무대신 랜스다운 사이에 맺어진 동맹은 제3국의 위협에 공동으로 대처할 뿐만 아니라, 극동에서 전쟁이 발발했을 때 두 나라가 중립을 지킨다는 것이었다.

이에 러시아는 '중국과 조선의 독립과 영토 보전'을 강조하면서 같은 해 3월 프랑스와의 공동선언을 발표하였다.

하지만 일본은 러일 전쟁에서 승리하자 만주로부터 러시아 세력을 축출할 수 있었고, 조선에 대해 독자적으로 침투할 수 있는 우선권을 갖게 되었다. 그리고 1905년 8월 12일에 맺어진 제2차 영일동맹에서는 인도와 조선에 대한 영국과 일본의 우월성을 외교적으로 각각 인정하는 관계로 확대되었다.

결국 영일동맹은 영국과 일본 등 제국주의 열강 간의 상호 협조와 동의를 보장받아 약소국을 침략하는 국제 조약인 셈이었다.

제3차 영일동맹은 1911년에 체결되었으며 독일의 위협에 대항하기 위한 것이었다.

1992년 8월 12일

미국 · 캐나다 · 멕시코, 북미 자유 무역 협정 체결

1992년 8월 12일 미국의 조지 부시(George Herbert Walker Bush : 1924~) 대통령은 미국 · 캐나다 · 멕시코 등 3개국이 관세와 무역 장벽을 폐지하고 자유무역권을 형성하는 북미 자유 무역 협정NAFTA을 체결하였음을 선언하였다.

이로써 인구 3억 6,009만 명, GNP 6조 2,030억 달러가 넘는 세계 최대의 자유 무역 지대가 창설되었다. 특히 NAFTA는 자유 무역 협정으로는 최초로 환경에 관한 규정을 명문화시켰다.

미국과 멕시코는 농산물 교역 물량의 57%에 대해 관세를 폐지하였고, 2010년까지 모든 농산물의 교역을 완전 자유화하기로 하였다. 또한 미국은 멕시코에서 조립 · 생산되는 자동차에 대한 수입 관세를 철폐하였으며 멕시코는 2004년까지 승용차에 대한 관세를 모두 철폐하였다.

NAFTA는 1994년 1월부터 발효되었으며, 체결 이후 역내 교역이 증가하는 무역 창출과 무역 전환 현상이 가시화되었다. 특히 캐나다가 대미 수출 증가로 가장 많은 혜택을 누렸다. 또한 라틴아메리카 국가들의 자유 무역 협정 체결과 지역 통합을 자극하는 부수적 효과를 거두었다.

하지만 멕시코와 캐나다 등의 경제 주권 상실, 공장 이전으로 인한 일부 산업 노동자의 실업, 환경오염 등의 문제가 나타나기도 하였다.

1981년 8월 12일

IBM, 개방형 PC인 IBM PC 5150 발표

"당신이 가르친 걸 어떻게 연습할까요? 아이비엠IBM의 퍼스널컴퓨터PC는 모던타임스modern times의 도구입니다."

-IBM 텔레비전 광고문

가정용 소형 컴퓨터 시스템을 일컫는 퍼스널 컴퓨터의 원조는 1976년 애플Apple사가 만든 애플 I이다. 당시 세계 컴퓨터 시장을 장악하고 있던 IBM은 애플사에게 뒤진 PC 시장을 정복하기 위해 1981년 8월 12일 IBM PC 5150을 발표하였다.

IBM PC 5150은 애플 컴퓨터와 다르게 PC의 표준규격을 정해 부품 공급 등을 독점하지 않는 개방형 방식을 채택하였으며, 본체·모니터·키보드를 분리시켰다.

그리고 영화 「모던타임스」의 주연을 맡은 찰리 채플린(Charles Spencer Chaplin : 1889~1977)을 광고에 등장시켜 PC를 누구나 손쉽게

쓸 수 있다는 것을 강조하였다.

　그 결과, IBM은 PC의 선두업체인 애플의 아성을 단숨에 무너뜨렸으며, PC는 곧 IBM이라고 연상할 정도로 큰 성공을 거둘 수 있었다.

8월의
모든 역사

8월 13일

■
■
■

1961년 8월 13일

동독, 베를린을 동서로 나누다

"서독과 동독이 닿아 있는 분단선 지역에서 일어난 일이었다. 1962년 8월 17일, 페히터라는 젊은 건축가가 철조망을 넘다가 동독 경계지역에 설치된 자동 감시 총에 맞아 숨졌다. 사진을 보면 고꾸라졌다는 거친 표현이 어울릴 만큼 처절한 것이었다."

-베를린 장벽 박물관 직원의 말

1961년 8월 13일 0시, 독일 베를린 시내의 여기저기서 호루라기 소리와 크게 외치는 소리가 들렸다. 간간이 총성이 울리기도 했다. 특히 베딩 지역에 있는 베르나우 거리는 요란했다.

이 지역 사람들의 집은 대부분 소련의 지원을 받는 동독 점령 구역인 동베를린에 있고 직장은 서베를린에 있었다. 사람들은 직감적으로 자신들의 집 앞에 분단선이 설치되는 것을 느꼈다. 동독의 군대와 경찰은 철조망을 들고 베를린 시내를 동서로 나누었다.

몇 개월 후, 베를린 시내에는 44.8km의 장벽이 설치되었고 120.9km의 분단선이 서베를린을 둘러쌌다. 이제 서베를린은 165.7km의 둘레를 가진 '붉은 바다' 위의 '섬'이 된 것이었다.

제2차 세계 대전이 끝나자, 패전국 독일은 1945년의 포츠담 협정에 따라 미국 · 영국 · 프랑스 · 소련 4개 연합국의 점령 아래에 놓였다. 그리고 소련의 점령지 안에 있던 수도 베를린도 4개국이 공동으로 관리하였다.

미국을 중심으로 영국 · 프랑스 등의 서방 측 점령 국가들은 공산주의 국가 소련에 대응하여 독일을 자본주의 국가로 만들기 위해 여러 부흥 정책들을 발표하였다.

1947년 미국의 해리 트루먼(Harry Shippe Truman : 1884~1972) 대통령은 소련의 침략이 예상되는 국가에 원조를 제공하겠다는 트루먼 독트린을 발표하였고, 미국 국무 장관인 조지 마셜(George Catlett Marshall : 1880~1959)은 유럽 부흥에 관한 마셜 플랜을 제안하였다.

1948년 소련은 독일을 유럽 부흥 계획에 포함시키려는 서방 측 계획에 대항하여 베를린에 이르는 모든 길을 봉쇄하였다. 그러자 1949년 서방 측은 공산주의 국가에 대항하기 위해 집단 방위 조약인 북대서양

조약기구NATO를 창설하였다. 이에 대항하여 소련을 중심으로 한 공산
주의 국가는 경제상호원조회의기구COMECON와 바르샤바 협정을 체결하
였다.

이처럼 냉전체제가 구체화되고 강화되자 연합국에 의해 분할되어 있
던 독일의 통일은 점점 어렵게 되어 갔다. 냉전 체제에서 독일의 통일
이 힘들다고 판단한 서방 측 국가들은 1949년 5월 자기들의 점령 지역
을 통합하여 본Bonn을 수도로 하는 독일 연방 공화국(서독)을 세웠다.

이에 맞서 소련도 같은 해 10월 독일 민주 공화국(동독)을 세웠다. 그
리고 '자본주의, 군국주의의 음모로부터 독일 인민 민주주의 공화국을
보호한다'는 구실로 1961년에 베를린 장벽을 세웠다.

베를린에 장벽을 세운다는 계획은 1958년부터 구체화된 것이었다.
그리고 1961년 8월 3일 모스크바에서 열린 바르샤바 조약기구 회의에
서 장벽 설치 문제가 최종적으로 결정되었다.

베를린 장벽을 허무는 장면

"당시 울브리히트 의장은 나에게 장벽 설치를 준비하라고 지시했다. 8월 12일 오후 필렌제 근처에 갔을 때 경비대가 이미 바리케이드를 설치하고 있었다."

동독의 안전 담당 서기였던 에리히 호네커(Erich Honecker : 1912~1994)의 말이다. 8월 13일, 동독 정부는 하룻밤 사이에 동·서 베를린의 경계선 전 지역에 철조망을 쳤고 며칠 후에는 높이 3.7m의 석탄재 콘크리트 블록으로 장벽을 만들기 시작했다.

베를린 장벽 설치 이후, 동·서베를린은 브란덴부르크 문을 통해서 허가받은 사람만이 왕래할 수 있었다. 베를린 장벽은 독일뿐만 아니라 제2차 세계 대전 이후 전 세계를 자본주의와 공산주의의 동서 양대 체제로 갈라놓은 분단의 상징이 되었다.

그리고 1989년 11월 9일에 이 장벽이 철거되기 전까지 18세의 젊은 피터 페히터(Peter Fechter : 1944~1962) 같은 수많은 독일인들이 장벽을 넘다가 죽음을 당하였다.

* 1947년 3월 12일 '미국, 트루먼 독트린 발표' 참조

* 1948년 4월 3일 '미국 트루먼 대통령, 마셜 플랜에 서명하다' 참조

* 1949년 4월 4일 '북대서양 조약 기구 창설' 참조

* 1949년 5월 23일 '독일 연방 공화국 수립' 참조

* 1949년 10월 7일 '독일 민주 공화국 수립' 참조

* 1955년 5월 14일 '소련 등 동유럽 사회주의 8개국, 바르샤바 조약에 조인' 참조

* 1989년 11월 9일 '베를린 장벽이 붕괴되다' 참조

2001년 8월 13일

일본의 고이즈미 준이치로 총리,
야스쿠니 신사 참배 강행

일본의 고이즈미 준이치로(小泉純一郎 : 1942~)는 총리가 되기 전, 야
스쿠니 신사를 1년에 한 번씩 참배하겠다는 선거 공약을 내세웠다. 그
리고 2001년 8월 13일 고이즈미는 야스쿠니 신사 참배를 강행하였다.
애초에 공언했던 8월 15일보다 이틀 앞선 것이었다.

일본 현직 총리가 야스쿠니 신사를 참배한 것은 1996년 7월 하시모
토 류타로(橋本龍太郎 : 1937~2006) 총리 이후 5년 만이었다.

고이즈미가 야스쿠니 신사에 도착하자, 수백 명의 일반 참배객이 모
여 일장기를 흔들며 환호성을 보냈다. 고이즈미 총리는 국제사회의 반
발을 의식해 과거 침략을 반성한다는 내용의 담화를 발표하였다.

하지만 한국과 중국은 각각 성명을 발표하고, 총리가 신사 참배를 하
는 것은 일제가 태평양 전쟁으로 주변국에 끼친 고통과 피해를 무시하
고 전쟁을 정당화하는 것이라고 강력하게 비난했다.

또한 재일 한국인과 규슈, 야마구치 시민 등 211명은 "고이즈미 준이
치로 일본 총리의 야스쿠니 신사 참배로 인해 정신적인 피해를 받았다."
며 국가와 고이즈미 총리를 상대로 위자료 청구 소송을 제기하였다.

이에 2004년 4월 7일, 일본 후쿠오카 지방 법원은 "고이즈미 총리의
야스쿠니 신사 참배 행위는 정교분리를 규정한 헌법 위반이다."라는 판
결을 내렸다.

* 2004년 4월 7일 '일본 후쿠오카 법원, 고이즈미 총리 야스쿠니 참배 첫 위
헌 판결' 참조

—

1960년 8월 13일

중앙아프리카 공화국 독립

—

중앙아프리카 공화국은 아프리카 대륙 중앙에 있는 내륙 국가로 수
단, 카메룬 등 5개국과 접하고 있다. 이곳은 19세기 말인 1889년에 프
랑스가 아프리카 내륙을 탐사하면서 본격적으로 알려졌다.

이후 중앙아프리카는 프랑스의 식민지로 1911년 프랑스령領 콩고에
포함되었고 이듬해 프랑스령 적도기니가 되었다. 1916년에는 차드와
분리해 '우방기샤리'라고 불렸다.

제2차 세계 대전 이후 독립 운동이 일어나면서 1958년 프랑스공동체
의 자치공화국이 되었다. 그리고 2년 후인 1960년 8월 13일에 독립하
였다.

그 후 다비드 다코(David Dacko : 1930~2003)가 초대 대통령으로 선
출되었다. 하지만 1965년 프랑스군 출신인 장 베델 보카사(Jean-Bédel
Bokassa : 1921~1996)가 쿠데타를 일으켜 헌법 폐지, 의회 해산 등으로
독재 체제를 강화하여 정치적으로 혼란을 겪었다.

그 결과, 경제 발전이 저해되었고 가뭄과 물 기근, 극심한 식량 부족
문제가 야기돼 2012년 현재는 아프리카 내에서도 최빈국으로 전락하
였다.

8월의
모든 역사

8월 14일

■
■
■

1900년 8월 14일

미국 · 영국 등 8개국 연합군,
중국 의화단의 난을 진압하다

신축 조약은 의화단 사건 처리를 위하여 청나라와 영국 · 미국 · 러
시아 · 독일 · 일본 등 11개국 사이에서 맺어진 조약이다. '베이징
의정서'라고도 한다.

주요 내용으로는 청나라가 독일 · 일본 등에 사죄사_{謝罪使}를 파견할
것, 배외_{排外} 운동을 금지할 것, 관세 · 염세를 담보로 한 4억 5,000
만 냥의 배상금을 지불할 것, 베이징에 공사관_{公使館} 구역을 설정할
것, 외국 군대를 상주시킬 것, 베이징 주변의 포대를 파괴할 것 등
을 담고 있었다.

청나라 말, 열강 세력들의 이권 침탈로 사회는 무척 혼란스러워졌다. 특히 면화와 토포 상품의 중요 생산지였던 산둥 성, 직예 성, 하남 성 지방에서의 변화는 농민들의 삶을 더욱 어렵게 하였다.

왜냐하면 열강들의 압력에 의해 톈진 등이 개항된 후 양사, 양포의 수입량이 나날이 증가되면서 농촌의 토사, 토포 시장을 장악하였기 때문이다. 가내방직업이 완전히 파산되면서 경제적인 고통은 가중되었다.

그러던 중 1897년 독일이 산둥 성 일대를 점령하자 이전부터 반외세 · 반기독교 운동을 벌이고 있던 의화권義和拳이라는 민간 결사가 본격적인 의화단 운동으로 발전하였다. 이들은 청 황실을 받들고 서양 세력을 물리친다는 '부청멸양扶淸滅洋'을 구호로 내세웠다.

그리고 1898년 여름부터 가뭄 피해가 극심해지자 많은 유민이 발생했는데 이들이 대거 의화단에 가입함으로써 그 숫자가 상당해졌다.

하지만 1899년 12월 산둥 순무로 새로 부임한 위안스카이(袁世凱 : 1859~1916)는 열강의 요구에 따라 의화단을 강력히 탄압하였다.

이것은 의화단 세력이 산둥 성을 넘어 허베이 성으로 번지는 계기가 되었다. 그리고 그들은 철도, 교회, 전선 등 모든 외래적인 것을 파괴하기 시작했고 기독교도를 학살하는 등 격렬한 형태를 보였다.

1900년 1월 황실의 서태후(西太后 : 1835~1908) 세력은 이들을 이용하여 양무 운동을 펼치는 개혁 세력과 서양 세력에 맞서려고 하였다. 이에 서태후의 의도를 간파한 열강 세력은 공동으로 압력을 가해 그 의도를 좌절시켰다.

그러나 그해 6월 21일에 의화단이 베이징에 있는 외국 공관을 포위 공격하자 서태후는 그들을 의민義民으로 규정하고 열강에 선전 포고했다.

처음에는 의화단이 영국, 러시아, 일본, 미국, 독일, 프랑스, 이탈리아,

오스트리아 등으로 이루어진 연합군 8개국을 맞아 거세게 몰아붙였다. 이에 연합군 측은 많은 사상자를 내고 퇴각하기도 하였다.

하지만 연합군은 곧 우세한 화력을 앞세워 포대를 점령했고, 8월 14일에는 베이징을 비롯해 양쯔 강 이북 지역을 대부분 점령했다. 그리고 공사관 구역을 포위하고 있던 의화단과 청조군을 완전 진압했다.

이에 서태후는 리훙장(李鴻章 : 1823~1901)을 앞세워 협상에 나섰지만 연합군은 진격 속도를 늦추지 않았다. 결국 이듬해인 1901년 9월 7일 연합국이 중국을 분할하지 않고 보존하는 대신 중국은 열강과 불평등 강화 조약인 신축 조약辛丑條約을 체결했다.

이 조약의 체결로 청나라는 제국주의 열강에 거액의 배상금을 지급했을 뿐만 아니라 열강의 중국 내 군대 주둔권을 인정하게 되었다.

이 사건으로 인해 중국에 대한 서구 열강의 통치가 강화되었으며, 중국의 반식민지 상태가 더욱 심화되었다.

* 1900년 6월 21일 '청나라 서태후, 의화단 운동을 계기로 서양 제국에 선전 포고를 하다' 참조

1860년 8월 14일

미국의 동물 소설가 어니스트 시튼 출생

나는 목에 걸린 쇠사슬을 풀고 카우보이의 도움을 받아 로보를 블랑카가
죽어 있는 헛간으로 옮겼다. 카우보이가 나지막한 소리로 말했다.
"마누라 곁으로 그렇게 오고 싶어 하더니 이제 다시 함께 있게 되었구나."

-어니스트 시튼, 『늑대왕 로보의 전설』

동물 소설가로 잘 알려진 어니스트 시튼(Ernest Evan Thompson Seton
: 1860~1946)은 1860년 8월 14일 영국 사우스실즈에서 태어났다.

하지만 가족이 1866년에 캐나다로 이사를 갔기 때문에 어린 시절을
숲이 우거진 캐나다 남부에서 보냈다. 그곳에서 시튼은 동물을 관찰하
였고 이것은 후에 많은 사실적인 동물 소설을 쓰는 동기가 되었다.

어린 시튼은 동물에 대한 관찰뿐만 아니라 그림과 발명 등에 관심을
보였다. 캐나다 토론토에서 보낸 학창 시절 동안 감자 깎는 기계와 같
은 것을 만들기도 하였다. 19세 때 영국으로 유학을 떠날 정도로 그림
에도 뛰어난 소질을 보였다.

그의 소설에 보이는 삽화는 직접 그린 것이며, 1883년 미국 뉴욕에
서 동물을 전문적으로 그리는 삽화가로 활동하기도 하였다.

시튼은 1884년 34세 때 『늑대왕 로보의 전설』을 발표하였다. 그리고
이 소설과 함께 여러 동물 이야기를 묶어 1898년에는 『내가 아는 야생
동물』을 발표하였다. 그의 동물 소설들은 큰 인기를 얻었고 시튼은 여
러 강연에 초대되는 유명인사가 되었다.

이후 시튼은 평생을 야생동물을 관찰하고 기록하였으며 동물들에 대한 관심을 촉구하는 일을 했다. 작품 속에 주인공으로 나오는 대부분의 동물들이 비극적인 결말을 맞는 것은 독자들에게 동물과 자연에 대한 애정을 호소하기 위해 쓰여졌기 때문이다.

대표작으로는 『회색곰의 일대기』『동물의 영웅들』『예술가 · 박물학자의 발자취』 등이 있으며, 1946년 10월 86세를 일기로 사망하였다.

1941년 8월 14일

영국과 미국, 대서양 헌장을 발표하다

두 나라는 주민들의 자유의사에 의하지 않는 영토 변경은 인정하지 않는다. 주민에 의한 정치 체제의 선택권을 존중하며 강탈된 주권 및 자치권의 반환을 희망한다.

제2차 세계 대전 중인 1941년 8월, 영국의 윈스턴 처칠(Winston Leonard Spencer Churchill : 1874~1965) 총리와 미국의 프랭클린 루스벨트(Franklin Delano Roosevelt : 1882~1945) 대통령은 캐나다 동부 해안에 정박 중인 영국의 최신예 전함 '프린스 오브 웨일즈'함 위에서 5일 동안 회의를 가졌다.

그리고 8월 14일, 평화롭고 민주적인 국제질서 수립을 목표로 하는 공동선언문인 대서양 헌장을 발표하였다.

이것은 연합국 측의 전쟁에 대한 자세와 전후 국제질서의 이념을 8개 항목으로 정리한 것이다. 영토 확장 중지 · 민족자결 · 군비철폐 · 국제적 경제 협력과 같은 내용을 다루고 있었다.

　대서양 헌장이 발표될 때 미국은 공식적으로는 대전에 참가하지 않은 상황이었고 헌장의 실제적인 영향력도 없었다.

　하지만 이 헌장을 발표함으로써 연합군 측은 결속을 다지는 계기가되었다. 그리고 이것은 이듬해 1월에 발표된 국제연합UN 공동 선언의기초가 되었다.

—

1842년 8월 14일

제2차 세미놀 인디언 전쟁 종료

—

　18세기 후반 미국 조지아 주의 크리크 저지대 마을 출신 인디언 원주민들이 플로리다 북부로 들어왔다. 이들은 1775년경부터 세미놀족이라는 이름으로 알려지기 시작했다. 이는 '이탈자' 또는 '도망자'라는뜻인 크리크어 '시마놀리'에서 나온 이름이다.

　미국 정부는 세미놀 인디언과 세 차례에 걸쳐 전쟁을 치렀다. 1817년부터 1818년까지 발생한 제1차 세미놀 전쟁은 미국 당국이 세미놀족과 함께 살고 있던 탈주 흑인 노예들을 잡아들이려는 시도에서 비롯되었다.

　미군은 앤드루 잭슨 장군을 중심으로 이 지역을 공략하여 주민들을내쫓고 마을을 불태웠으며, 스페인이 장악하고 있던 펜서콜라와 세인트마크스를 점령했다. 그 결과, 1819년 스페인은 대륙횡단조약에 따라플로리다를 미국에 양도하게 되었다.

　제2차 세미놀 전쟁은 1835년부터 1842년까지 7년에 걸쳐 발생하였다. 세미놀 인디언들이 오키초비 호湖 북쪽에 마련된 보호구역에서 사는 것을 거부하고 다시 미시시피 강 서부에 자리를 잡으려 했기 때문이었다. 하지만 미시시피 강 서부지역을 몹시 탐내던 백인들은 인디언 이주법을 통해 세미놀 인디언을 몰아내려고 했다.

추장 오세올라가 이끌던 세미놀 인디언 전사들은 가족들을 에버글레이즈에 피신시킨 후 고향을 지키기 위하여 게릴라 전술로 맞섰다. 2,000명이나 되는 미군 병사들이 이 길고 긴 전쟁에서 전사했으며, 정부는 4,000만~6,000만 달러의 비용을 지출해야 했다.

휴전 협상을 벌이는 과정에서 오세올라가 잡히고 나서야 인디언들의 저항이 수그러들었다. 1842년 8월 14일의 일이었다. 이후 대부분의 세미놀 인디언들은 별 저항 없이 보호구역으로 이주하는 데 동의했다.

그리고 1855년부터 발생한 제3차 세미놀 전쟁은 1858년에 끝났다. 미국 정부가 플로리다에 남아 있던 세미놀 인디언들을 완전히 제거하기 위해 일으킨 것이었다.

별다른 유혈 사태는 없었고, 가장 골칫거리였던 일단의 인디언 피난민들이 서부로 이주하는 비용을 미국이 지불함으로써 전쟁은 끝났다.

이후 세미놀 인디언은 미국이 지정한 보호구역 안에서만 생활하였다.

8월의
모든 역사

8월 15일

■
·
■

1969년 8월 15일

미국의 록 페스티벌, 우드스톡 축제가 열리다

우리는 이길 것이다.

우리는 이길 것이다.

언젠가 우리는 이길 것이다.

마음속 깊이 나는 언젠가 우리가 꼭 이길 것을 믿고 있다.

우리는 손을 맞잡고 걸어갈 것이다.

-조안 바에즈, 「우리는 이길 것이다」

"당신은 우드스톡에 있었는가?"

이것은 1960년대 말 젊은이들이 처음 만났을 때 서로 나눈 인사말이었다.

우드스톡Woodstock 축제가 열린 첫 날인 1969년 8월 15일, 마지막으로 무대에 오른 조안 바에즈(Joan Chandos Baez : 1941~)는 「우리는 이길 것이다We Shall Overcome」라는 노래를 불러 기성세대의 편견과 명분 없는 전쟁에 지친 젊은이들에게 희망의 메시지를 전했다.

우드스톡 축제가 처음부터 베트남 전쟁에 반대하거나 흑인들과 가난한 사람들의 인권을 보호하기 위한 공연으로 기획된 것은 아니었다. 공연 기획자였던 마이클 랭(Michael Lang : 1944~)은 1969년 2월에 음악성과 수익성이 높은 공연을 갖기로 하고 축제를 준비하였다.

축제는 8월 15일에서 17일까지 미국 뉴욕 주 우드스톡의 한 농장에서 사흘간 열기로 했고, 미국의 5인조 록그룹 그레이트풀 데드The Grateful Dead, 전설적인 기타리스트 지미 핸드릭스(Johnny Allen Hendrix : 1942~1970), 블루스 가수 재니스 조플린(Janis Joplin : 1943~1970) 등 당시 최고의 가수들이 참가하였다.

첫 날은 포크 음악이 기획되었지만 예정대로 진행될 수 없었다. 주최 측이 예상한 것보다 훨씬 많은 관객들이 몰려들었고 대회장 주변 32km는 자동차로 꽉 메워져 가수

다큐멘터리 「우드스톡 페스티벌」

들이 제때에 도달할 수 없었기 때문이다.

공연은 오후 5시에 리치 하벤스(Richard Pierce Havens : 1941~)가 「자유Freedom」를 부르면서 시작되었다. 그리고 마지막 노래를 조안 바에즈가 부를 무렵에는 3시간 동안 폭우가 쏟아졌다. 공연장은 진창이 되었지만 관중들은 담요를 두르거나 텐트를 치고 우드스톡에서 첫날 밤을 보냈다.

진창 속에서 시작된 둘째 날은 사이키델릭 록으로, 마지막 날로 예정된 일요일에는 조 카커(John Robert Cocker : 1944~) 등이 노래를 불렀다. 하지만 축제는 예정과 달리 다음 날까지도 계속되었다. 지미 핸드릭스는 월요일 아침 9시에 전기 기타를 들고 무대에 올랐다.

축제가 진행되면서 청중들은 베트남전과 전쟁에 반대하는 주장을 외쳤고 인종 차별을 폐지하라고 소리쳤다. 그리고 기성세대가 가지고 있는 백인들의 윤리와 위선을 비판하였다. 청바지와 기타는 이들의 상징이었다.

미친 듯이 내뿜는 전자 기타 소리와 희뿌연 하늘을 두드리는 듯한 드럼 소리, 절규하듯 내질러 대는 록커들의 노래는 50만 명의 젊은이들에게 새로운 세상을 꿈꾸도록 하였다.

평범한 공연으로 기획된 우드스톡 축제의 열기는 이후 전 세계로 퍼져 젊은이들의 반反문화를 상징하는 축제가 되었다.

1945년 8월 15일

일본의 히로히토 천황, 항복 선언을 하다

"짐은 세계의 대세와 제국의 현상에 비추어 비상조치로써 시국을 수습하려 하며, 여기에 충성스런 국민에게 고한다. 나는 제국 정부에게 미 · 영 · 중 · 소 4개국의 공동선언을 수락하도록 지시하였다."

라디오 앞에 모인 일본 국민들은 태어나 처음으로 히로히토 천황의 방송을 들었다. 1945년 8월 15일 낮 12시 1분 전의 일이었다. 천황은 패전을 발표하였고 기나긴 전쟁은 끝났다.

일본은 1939년 7월에 노구교蘆溝橋 사건을 일으켜 중일전쟁을 시작하였고, 1941년 12월에는 선전포고도 없이 미국의 진주만을 공습하여 태평양전쟁은 일으켰다.

그러나 그 결과는 비참한 것이었다. 1945년 8월 미국에 의해 히로시마와 나가사키 두 지역에 핵폭탄이 투하되자 '신주불멸神州不滅', 즉 신이 내린 땅인 일본은 영원히 멸망하지 않을 것이라는 믿음은 헛된 것으로 나타났고, '아라히토가미現人神', 즉 인간이면서 신이라고 부른 천황은 서양인들에게 항복 선언을 하였다.

이후에 히로히토 천황은 일본이 패전한 원인을 이렇게 적었다.

첫째, 자신과 적을 이해하지 못했다.
둘째, 정신주의를 지나치게 강조하고 과학의 힘을 가벼이 여겼다.
셋째, 육군과 해군이 대립하였다.

넷째, 상식 있는 지도자가 없었다.

한편, 천황의 방송은 전날 녹음된 것이었으며 황실의 언어로 발표하였기 때문에 대부분의 일본인들은 통역을 통해 그 뜻을 알았다.

* 1937년 7월 7일 '중일전쟁이 발발하다' 참조
* 1941년 12월 7일 '일본의 진주만 공격으로 태평양 전쟁이 시작되다' 참조
* 1945년 8월 6일 '미국, 일본 히로시마에 최초의 원자폭탄을 투하하다' 참조

—

1534년 8월 15일

로마 가톨릭 수사 로욜라, 예수회 설립

—

이냐시오 데 로욜라(Ignatius de Loyola : 1491~1556)는 1491년 에스파냐의 바스코 지방 로욜라 성주城主의 아들로 태어났다.

그는 군인으로 참전한 팜플로나 전투에서 프랑스군과 싸우다가 중상을 입었다. 오랜 병상 활동을 하던 중 병상에서 중세 로마 가톨릭 영성가인 토마스 아 캠피스(Thomas a Kempis : 1380~1471)의 『그리스도를 본받아De imitatione Christi』를 읽고서 기독교 신앙에 귀의하였다.

이후 그는 파리 대학교에서 신학을 공부하였고, 거기에서 만난 6명의 동료들과 함께 1534년 8월 15일 가난 · 순결 · 순종 · 순례 · 영혼 구원에 헌신할 것을 맹세하고 수도 단체를 설립하였다.

1540년 로마에서 교황 바오로 3세(Paulus III : 1468~1549)를 알현한 그는 이 수도 단체를 공식적으로 인정해 줄 것을 요청하였고, 바오로 3

세는 '예수회'라는 이름을 내려 이 수도회를 승인하였다.

예수회는 전통적인 수도회의 모습 중에서 필요 없다고 생각되는 것은 과감하게 탈피하였다. 수도원의 외향적인 모습보다는 인적 · 내적인 관계를 더 중시하며, 수도자의 복장도 갖추지 않았다. 따라서 수도원의 전통적인 것은 그대로 받아들이되 전도 활동이나 형식은 시대의 흐름에 맞게 자유롭게 변형을 하고 있다.

이후 예수회는 아직 개신교의 세력이 미치지 않은 중국과 중남미에서 활발한 해외 선교를 하였고, 유럽 교회 역사상 최초로 일본에서 전도하였다.

예수회 선교사들은 대부분 논리학, 라틴어, 법학 등 학식이 풍부한 지식인들이었다. 따라서 이들은 학교 설립 등의 교육 사업에도 힘써 미국의 조지타운 대학교, 우리나라의 서강대학교 등을 설립하였다.

한편 1622년에 교황 그레고리오 15세(Gregorius XV : 1554~1623)는 로욜라를 시성諡聖하였다.

—

1971년 8월 15일

바레인, 영국으로부터 독립

—

바레인은 페르시아 만 동부 바레인 섬을 중심으로 크고 작은 33개의 섬으로 구성되어 있다. 바레인의 역사는 기원전 3000년 전까지 거슬러 올라간다.

근대적인 통일은 1782년 알 칼리파 가家에서 바레인 전역을 정복하면서 이룩하였다. 이후 1861년 이란 및 터키의 영토 주장 위협에 대처하기 위하여 영국과 평화조약을 체결하여, 1880년 영국의 보호령이 되면서 영국의 지배를 받았다.

1950년대 중동 지역에 아랍 민족주의가 거세게 몰아치고 영국이 걸프 해에서 떠나자 이번에는 이란이 바레인을 실질적으로 지배하였다.

1970년 5월 유엔 안전보장이사회는 이란의 바레인에 대한 주권 요구를 포기하게 하였고, 1971년 8월 15일 바레인은 독립을 선포하였다.

이후 샤이크 이사 국왕은 토후 명칭을 아미르Amir로 바꾸고, 1973년 5월 26일 국회를 구성하고 헌법을 제정하였다. 하지만 왕정 위협을 이유로 이사 국왕은 국회를 해산하고 입법·사법·행정의 전권을 장악하였다. 이와 더불어 정당 활동을 일체 금지하고, 강력한 국왕 중심제를 펼쳐 나가고 있다.

2012년 현재 1999년 3월에 즉위한 하마드 국왕이 강력한 통치권을 행사하고 있으며, 친서방 정책을 견지하고 있다.

1947년 8월 15일

인도와 파키스탄, 분리하여 독립 선언

영국은 제2차 세계 대전 후인 1947년 6월, 인도를 종교에 따라 힌두교 지역과 이슬람 지역으로 나눈다는 분리 독립안을 발표하였다.

인도의 마하트마 간디(Mohandas Karamchand Gandhi : 1869~1948)는 분리 독립안에 대해 강렬히 반대하였지만, 결국 인도의 국민회의파·무슬림 연맹·영국 정부의 합의에 따라 그해 8월 15일에 인도와 파키스탄은 분리·독립하였다.

이후 두 나라는 1947년, 1965년, 1971년 세 차례에 걸쳐 유혈 전쟁을
치렀다.

더군다나 파키스탄 내부 또한 종교가 다르다는 이유로 동·서로 나
뉘어졌다. 그리고 1971년 4월 17일 동파키스탄은 방글라데시 인민 공
화국으로 독립했다.

* 1971년 4월 17일 '동파키스탄, 방글라데시 공화국 수립' 참조

8월의
모든 역사

8월 16일

■
■
■

1819년 8월 16일

영국 성 피터 광장에서 피털루 학살이 발생하다

2006년 『가디언The Guardian』지紙에서 실시한 설문조사 결과, 피털루 학살 사건이 영국 역사에서 두 번째로 기념할 만한 가치가 있는 사건으로 꼽혔다.

1815년 나폴레옹 전쟁이 끝난 후 영국 노동자들의 임금이 떨어졌다. 경제 공황 때문이었다.

1803년 1주일에 15실링을 임금으로 받았던 한 노동자는 1818년이 되자 5실링 또는 4실링 6페니를 임금으로 받았다. 무려 1/3로 줄어든 것이다. 반면에 곡물 가격은 올랐다. 결국 임금이 1/3로 떨어진 노동자들은 빵을 살 수도 없는 지경에 이르렀다.

더군다나 노동자들은 그들의 입장이나 요구를 대변할 의원을 뽑는 데에도 제한을 받았다. 왜냐하면 당시에는 40실링 가치의 토지를 소유한 성인 남자만이 참정권을 가질 수 있었기 때문이다.

그래서 지역에 따라 의원 수 사이에 큰 격차가 벌어졌다. 가난한 노동자 1만 명이 사는 지역에서는 의원이 한 명도 없는 반면, 부자 1,000명이 사는 동네에는 의원 수가 10명이 넘는 식이었다.

이에 급진파 세력들은 고조되는 불만을 이용하여 현행 선거 제도의 개혁을 꿈꾸었다. 이들은 1819년에 접어들면서 영국 산업의 침체기가 깊어지자 여러 차례 정치 집회를 열었고 그 분위기는 8월 집회에서 절정에 달했다.

드디어 8월 16일 런던의 성 피터 광장에서 직조공을 중심으로 약 6만 명의 민중이 의회 개혁·선거권 확대를 요구하는 집회를 벌였다. 그 중에는 여자와 어린아이들도 많이 있었다. 그들은 아무도 무장을 하지 않은 채 평화적으로 움직였다.

하지만 집회가 벌어지기 전부터 신경이 곤두서 있던 시 당국은 군중의 규모와 분위기에 놀라 기병대에게 집회가 시작되는 즉시 연사들을 체포하라고 지시했다. 이것은 당시 영국의 특권 계급들이 혁명이 임박했음을 느끼고 그것을 얼마나 두려워했는지를 여실히 보여 준 조치였다.

그 지시대로 급진파 지도자 헨리 헌트(Henry Hunt : 1773~1835)가 연단에 올라가 연설을 시작하자 기병대는 긴 군도를 휘두르며 일제히 군중을 공격했다. 뒤이어 시 당국은 제15기병대와 체셔 주의 의용병까지 이 공격에 가담시켰다.

결국 이 사건으로 약 500여 명이 부상하고 11명이 죽었다. 또한 지도자들은 체포되어 재판을 받았으며 헌트는 2년간 복역했다.

그리고 사건 발생 후, 영국 정부는 이런 사태를 방지하고자 법안을 만들었다. 즉 무기로 사용될 소지가 있는 물건을 가지고 군사 훈련을 하는 것을 금지하며, 50명 이상의 집회를 금지한다는 것이 주된 골자였다.

하지만 피털루 학살은 1824년 '단결 금지법'을 폐지시키는 등 영국의 정치 · 노동 운동의 흐름을 바꿨다. 1833년에는 공장법이 제정돼 최소한의 산업 안전과 아동 노동에 대한 정부의 규제가 시작됐다.

곡물법도 1846년에 폐지돼 소비재와 식량 가격이 싸졌다. 정치 운동역시 이전보다 상대적으로 자유로워졌다. 참정권 획득 운동에도 불이붙었다.

한편 '피털루'란 명칭은 광장의 이름인 성 피터와 4년 전인 1815년에발생한 워털루 전투를 결부시켜서 야유조로 지은 것이었다.

* 1815년 6월 18일 '프랑스의 나폴레옹, 워털루 전투에서 패배하다' 참조

1977년 8월 16일

'로큰롤의 황제' 엘비스 프레슬리, 심장마비로 사망

'로큰롤의 황제' 엘비스 프레슬리(Elvis Presley : 1935~1977)는 1935년 1월 8일 미국 미시시피 주 이스트튜펠로의 가난한 마을에서 태어났다. 그는 흑인과 백인이 공존하는 멤피스 시에서 자란 덕에 백인이면서도 흑인의 감성과 음감을 자연스럽게 익힐 수 있었다.

로큰롤은 1950년을 전후해 생겨난 음악 장르다. 블루스와 컨트리, 흑인 가스펠이 적당히 섞인 로큰롤은 소리를 지르는 듯한 창법이나 노골적인 성 묘사, 격렬한 춤 때문에 사회 주류층인 백인들로부터 외면당했다. 하지만 불쾌하고 반항적인 느낌 때문인지 젊은이들의 열렬한 지지를 받았다.

1954년 무렵 선 레코드사의 사장 샘 필립스는 로큰롤 시장을 키우려면 로큰롤을 흑인처럼 부르는 백인 가수가 필요하다고 생각했다. 그런 믿음 속에서 찾아낸 게 엘비스였다. 필립스의 예감은 적중했다. 그윽한 눈매와 냉소적인 미소로 새로운 풍의 노래를 부르는 엘비스에게 많은 사람들이 열광하였다.

엘비스는 1956년 1월에 앨범 「하트브레이크 호텔」을 발매하면서 미국 대중 음악계에 일대 센세이션을 불러일으켰다. "록의 역사를 시작했다"는 찬사를 받았던 이 곡은 4월부터 8주 연속 인기차트 1위에 올랐다. 이어 「하운드 독」 「러브 미 텐더」의 인기까지 견인하며 1956년을 명실상부한 '엘비스의 해'로 만들었다.

이후 엘비스는 빌보드 차트 10위권에 36곡을 올렸고, 그중 18곡이 1

위에 올랐다. 그리고 그는 미국에서 1억 장 이상, 세계적으로 10억 장
이상의 음반을 팔았다.

하지만 강박과 외로움을 잊기 위해 각성제를 상습 복용했던 엘비스
는 1977년 8월 16일 자신의 집 화장실에서 숨진 채 발견되었다. 사인은
심장마비였지만, 지나친 약물 복용으로 그의 몸은 이미 엉망이 된 상태
였다.

엘비스가 죽은 뒤에도 하루 1만 명의 팬들은 그의 고향 멤피스 시를
찾고 있으며, 매해 멤피스에서는 엘비스 프레슬리 모창 대회가 개최되
고 있다.

* 1935년 1월 8일 '미국의 팝 가수 엘비스 프레슬리 출생' 참조

1960년 8월 16일

키프로스 공화국 독립

키프로스는 지중해의 북동 지역에 있는 섬나라로 터키와의 거리는
65km에 불과하다. 이 지역은 투르크 제국이 지배하고 있었으나 제1차
세계 대전 이후 영국의 식민지가 되었다.

그러나 제2차 세계 대전이 끝나면서 독립 운동이 일어나 영국의 정
책에 저항하였으며, 또한 키프로스 섬의 그리스계 주민과 터키계 주민
이 대립하기도 하였다. 이것은 그리스와 터키의 감정 싸움으로 악화되
었다.

이에 영국과 미국이 중재에 나서 1959년에 2월 영국 · 그리스 · 터

키 · 키프로스 대표가 참가한 키프로스 독립 협정이 체결되었다. 이 협정으로 이듬해인 1960년 8월 16일 키프로스는 독립하였다.

이후 마카리오스 3세가 초대 대통령으로 선출되었다. 하지만 그리스계 주민과 터키계 주민의 갈등은 계속되어 결국 1964년 유엔군이 개입하였다. 이후 키프로스는 그리스계의 '키프로스 공화국'과 터키계의 '북키프로스 터키공화국'으로 분리된 행정체계와 생활권을 구성하였다.

하지만 1974년 그리스계의 의한 쿠데타가 발생해 친그리스 정부가 수립되었다. 이에 터키는 터키계 주민 보호를 구실로 터키군 3만 5,000여 명을 북키프로스에 파견하였다.

유엔이 완충 지대를 제안, 평화 협정을 맺었지만 2012년 현재에도 양측 간의 충돌과 긴장은 계속되고 있다.

8월의
모든 역사

8월 17일

．
．
．

1970년 8월 17일

지구 이외의 행성에 착륙한
첫 탐사선 베네라 7호 발사되다

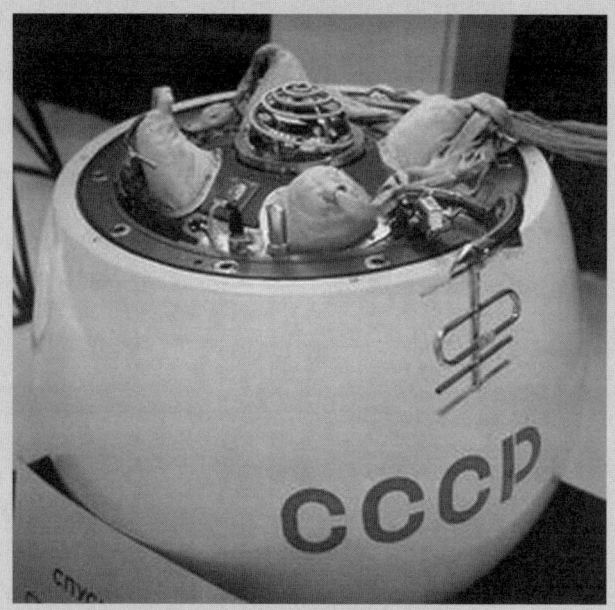

-베네라 7호의 모형

1957년 10월 4일 소련은 세계 최초로 인공위성 스푸트니크 1호를 발사하였다. 그리고 스푸트니크 1호는 지구를 돌아 궤도에 오르는 데에 성공하였다. 이어 1개월 후, 소련은 '라이카'라는 이름의 개 한 마리를 태워 스푸트니크 2호를 발사하였고, 6개월 후에는 무게 1.3t인 스푸트니크 3호를 궤도에 올렸다.

이에 1958년 1월 미국 또한 14kg의 인공위성 익스플로러 1호의 발사에 성공하였다. 이때부터 미 · 소 양국의 우주 개발 경쟁이 시작되었다.

베네라Venera 프로젝트는 소련의 금성 탐사 프로젝트이다. 베네라는 러시아어로 금성이라는 뜻이다. 소련은 첫 금성 탐사선 1VA를 1961년 2월 발사하였다. 하지만 로켓 추력에 비해 지나치게 탐사선이 무거워서 지구를 벗어나기 전에 점화 불량으로 폭발하였다.

그 뒤에도 소련은 효율적인 탐사를 위해 동시에 또는 1주일 간격으로 2~3개의 탐사선을 쏘아 올렸다. 하지만 베네라 1호, 스푸트니크 19호, 스푸트니크 20호, 스푸트니크 21호 등은 금성 근처에도 가지 못하고 실패하였다.

그러던 중 1965년 11월 16일 발사된 베네라 3호가 처음으로 금성 대기권 안으로 진입하는 데 성공하였다. 그리고 이어 베네라 4호, 베네라 5호, 베네라 6호도 금성으로 진입은 성공했지만 착륙하지는 못하였다.

하지만 소련은 1970년 8월 17일 베네라 7호를 금성을 향해 성공적으로 발사하였다. 그리고 그해 12월 15일에 금성에 도달하여 개량된 외부 냉각 장치를 이용해 착륙하는 데에도 성공하였다.

이로써 베네라 7호는 지구 이외의 행성에 착륙한 첫 번째 탐사선이 되었다. 금성이 매우 척박한 환경이기에 실수도 많았고 실패도 많았지만 소련은 차츰 문제점을 보완했고, 결국 베네라 프로젝트를 통해 금성에 착륙선을 보내는 데까지 성공하였던 것이다. 하지만 착륙 35분 만에 통신이 두절되었다. 이는 금성의 높은 기온 때문인 것으로 파악되었다.

이후 소련은 베네라 9호를 통해 금성으로부터의 영상 송신에 성공해, 인류는 최초로 다른 혹성의 지표 광경을 보게 되었다. 그리고 이후에도 1983년 6월 베네라 16호에 이르기까지 20년이 넘는 기간 동안 금성 탐사를 시도하였다.

하지만 소련이 붕괴된 이후 베네라 프로젝트는 중단되었다. 그러나 러시아는 2016년 발사를 목표로 베네라-D프로젝트를 추진하고 있다.

이 새로운 프로젝트는 궤도 탐사선과 다수의 기구氣球, 착륙선, 첨단 연燕 등 다양한 방법을 이용해 금성에 관한 다각적인 과학 연구를 하는 것을 골자로 하고 있다.

* 1957년 10월 4일 '소련 인류 최초의 인공위성 스푸트니크 1호 발사' 참조
* 1957년 11월 3일 '유기견 라이카, 소련의 인공위성 스푸트니크 2호에 실려 외계를 여행하다' 참조
* 1958년 1월 31일 '미국 인공위성 제1호 익스플로러 발사' 참조

1807년 8월 17일

미국 발명가 풀턴,
최초의 상업용 증기선 클러먼트호 시운전 성공

1765년 미국 펜실베이니아에서 태어난 로버트 풀턴(Robert Fulton : 1765~1815)은 본래 화가가 되려고 영국으로 유학하였다. 하지만 그곳

에서 기계에 관심을 가지면서 잠수함과 같은 발명품을 만들었다.

증기선에도 관심을 가진 그는 영국을 호시탐탐 노리던 나폴레옹에게 증기선 건조를 제안하기도 하였다. 1803년에는 프랑스 센 강에서 자신의 발명품을 실험하기도 하였다.

1807년 8월 17일 최고 24마력의 증기기관을 장착한 세계 최초의 증기선 클러먼트호에 40명의 승객을 태운 그는 허드슨 강을 출발하였다. 길이 40.5m, 너비 5.5m, 높이 2.7m의 크기의 배는 4kt의 속도로 상류를 거슬러 침착하게 항해했다. 그리고 뉴욕-올버니 구간 386km를 62시간 만에 운행하는 시운전에 성공하였다.

사실 증기기관 개념은 17세기 말 프랑스에서 나왔다. 그리고 1769년 영국의 제임스 와트(James Watt : 1736~1819)가 증기기관에 대한 첫 특허를 받았다. 1780년대 이미 50km 정도를 갈 수 있는 초보적인 증기선도 있었다.

풀턴은 이미 알려진 아이디어를 갈고 닦아 '상업용 증기선'이라는 신천지를 개척한 것이었다.

이후 폴턴은 뉴욕 주로부터 기선 항행 독점권을 받았으며, 증기선은 철도와 함께 운송 혁명을 이끄는 주인공이 되었다.

1960년 8월 17일

가봉, 프랑스로부터 독립

가봉은 아프리카 서부 대서양 연안에 위치하고 있으며 콩고 · 카메룬 등과 국경이 닿아 있다. 가봉이 유럽에 알려진 것은 15세기 무렵이며,

유럽 여러 나라들의 노예 무역이 이곳에서 이루어지기도 하였다.

19세기에 프랑스는 이 지역을 점령하였고 해방 노예의 도시인 리브르빌을 건설하였다. 1910년에 프랑스령 적도아프리카에 편입되었지만 제2차 세계 대전 이후 독립운동이 거세게 일어나 1960년 8월 17일에 독립을 획득하였다.

1973년 오마르 봉고(El Hadj Omar Bongo Ondimba : 1935~2009)가 대통령에 선출된 이후 46년간 가봉을 다스렸다. 이 기간 동안 가봉은 지속적인 경제 발전을 이룩하였다.

2012년 현재 알리 봉고 온딤바(Ali-Ben Ondimba : 1959~)가 대통령으로 재직하고 있으며, 미국 등과 친밀한 관계를 유지하고 있다.

1999년 8월 17일

터키 대지진 발생

1999년 8월 17일 새벽 터키 서부 지역에서 리히터 규모 7.8의 강력한 지진이 발생하였다.

이스탄불에서 남동쪽으로 70km 떨어진 터키 최대의 공업단지인 이즈미트가 진앙지였다. 지진은 이즈미트와 근처 이스탄불, 콜추크 등 인구 밀집 지역에서 발생해 피해가 더욱 컸다.

도시 전체에 전력 공급이 끊겨 암흑 상태로 변하고 이즈미트 정유 공장은 불길에 휩싸였다.

45초 동안 지속된 이 지진으로 3만 명 이상이 사망하였으며, 부상자는 4만 3,000여 명에 이르렀다. 재산 피해 또한 80억 달러에 달하였다.

8월의
모든 역사

8월 18일

■
·
·
·
·
■

—

1966년 8월 18일

중국의 홍위병, 베이징 톈안먼 광장에서
문화대혁명 행사를 실시하다

—

"문화대혁명의 최고 사령관은 마오쩌둥 주석이다. 자본주의 길을
가는 실권파를 타도하고, 부르주아 반동 권위를 타도하고, 일체의
부르주아 군주제 지지파를 타도하고, 형형색색의 혁명을 압제하는
행위를 반대하고, 사회의 온갖 무리들을 타도해야 한다."

-린뱌오

1966년 8월 18일, 중국 베이징에 있는 톈안먼天安門 광장에서는 인민복 차림에 붉은 완장을 찬 100만 명의 학생들이 문화대혁명의 기치를 내걸고 혁명을 완수하자며 광장을 뒤흔들었다.

린뱌오(林彪 : 1907~1971)는 선동적인 연설을 했고, 마오쩌둥(毛澤東 : 1893~1976)은 몸소 군복을 입고 홍위병紅衛兵 완장을 차고 톈안먼 성루에서 홍위병 운동에 대한 지지를 보냈다. 홍위병들이 외치는 광란의 목소리는 1976년 마오쩌둥이 사망하기까지 10년 동안 중국을 혼돈과 숙청의 소용돌이 속으로 몰아넣었다.

문화대혁명은 중국 현대사를 그 이전과 이후로 나눌 정도로 역사적인 대사건이었으며, 그 직접적인 발단은 1965년 역사극 「해서 파관海瑞罷官」에 대한 비판에서 시작되었다.

「해서 파관」은 베이징시市 부시장인 우한(吳晗 : 1909~1969)이 황제를 비판한 죄로 옥에 갇혔던 명나라 충신 해서海瑞의 이야기를 경극 극본으로 쓴 것이다. 1959년 6월 16일 「인민일보」에 발표하였다.

우한이 이 극본을 쓰게 된 동기는 마오쩌둥 때문이었다. 마오쩌둥이 1959년 4월에 상하이에서 모든 동지들에게 해서를 본받아 진실을 과감히 말하라는 제의를 했던 것이다.

그런데 왕훙원(王洪文 : 1935~1992) · 장춘차오(張春橋 : 1917~2005) · 장칭(江靑 : 1914~1991)과 함께 4인방이 되는 문예비평가 야오원위안(姚文元 : 1931~2005)은 우한의 글을 비판하고 나섰다.

마오쩌둥의 부인인 장칭의 지시를 받은 그는 1965년 11월 '신편 역사극 「해서 파관」을 평한다'라는 논문에서 우한의 글이 마오쩌둥의 정책에 반대하여 해임당한 국방상 펑더화이(彭德懷 : 1898~1974)를 빗댄 것이라고 했다. 그리고 우한은 당 주석인 마오쩌둥을 은근히 비방하고 있다고 주장했다.

당시 마오쩌둥은 1958년부터 실시한 경제 발전 정책인 대약진大躍進 운동이 실패로 돌아가면서 1959년 기술과 엘리트를 중시하는 류사오 치(劉少奇 : 1898~1969)에게 국가 주석직을 물려주고 당 주석 자리만 유지하고 있을 때였다.

마오쩌둥은 처음에는 장칭과 야오원위안의 주장을 받아들이지 않았지만 장칭의 모함은 계속 이어졌다. 결국 1966년 5월 16일 중국공산당 중앙 정치국 확대회의에서 『중국공산당 중앙위원회 통지』가 통과되었다.

여기에서 '학술적으로 권위 있는 부르주아 반동反動 입장들을 철저하게 적발해 폭로하고, 학술계 · 교육계 · 신문계 · 문예계 · 출판계의 부르주아 반동사상을 철저하게 비판하여 문화 영역에서 영도권을 탈취하자.'고 요구했다. 이른바 '문화대혁명'의 시작이었다.

8월 8일에는 마오쩌둥이 중국공산당 중앙위원회에서 '프롤레타리아 문화대혁명에 관한 결정안 16개조'를 발표하였다. 그리고 8월 18일 마오쩌둥을 지지하는 학생 조직인 홍위병들은 톈안먼에서 문화대혁명 행사를 가졌다.

문화대혁명이 시작되자 마오쩌둥을 지지하는 문화혁명 조직이 수립되었고 혁명위원회가 설치되었다. 홍위병들은 중앙에서 지방에 이르기까지 당과 국가의 많은 간부를 '자본주의의 길을 걷는 실권파'로 몰면서 타도하였다.

그리고 낡은 이념 · 사상 · 습관 · 관습 타파라는 이름으로 많은 지식인과 전문가들이 폭행되거나 피살되었고, 고전 문화와 유교 경전 등에 대한 극단적인 파괴와 사찰 등 문화재 파손이 이어졌다.

중국을 내전의 위기까지 몰아넣었던 문화대혁명으로 300만 명의 당원이 숙청되었고 경제는 몰락하고 부정부패가 만연하였다.

1976년 9월 마오쩌둥이 사망하면서 문화대혁명은 끝났지만 이 기간 동안 중국은 건국 이래 가장 큰 좌절과 손실을 감당해야 했다.

* 1976년 4월 5일 '중국 제1차 천안문 사태가 일어나다' 참조
* 1989년 6월 4일 '중국 제2차 천안문 사태 일어나다' 참조
* 1966년 5월 16일 '중국, 문화대혁명이 시작되다' 참조

1227년 8월 18일

몽골 제국을 건설한 칭기즈 칸 사망

칭기즈 칸(Chingiz Khan : 1155?~1227)이 태어나기 전 황량한 몽골 고원에서는 몽골계와 타타르족과 같은 투르크계 부족들이 저마다 세력을 형성하며 다투고 있었다.

몽골족이 옛 문헌에 처음 보이는 것은 중국 당나라 시대로 여진족의 동북쪽에 살았다는 몽올蒙兀이 그들이다. 그리고 13세기에 지어진 『몽골비사』는 칭기즈 칸의 조상에 대해 기록하고 있다.

칭기즈 칸의 조상은 하늘이 선택해서 태어난 푸른 이리였고 그 아내는 흰 사슴이었다. 그들은 텡기스를 건너, 오논 강 상류에 있는 부르칸 칼둔에 자리 잡았다.

칭기즈 칸의 이름은 테무진鐵木眞이다. 테무진의 아버지 예수게이는

부족장을 꿈꾸는 몽골족의 유명한 전사였지만, 테무진이 어렸을 때 타타르 부족에게 독살되었다. 그 후 어머니 후엘룬과 아이들은 외롭고 힘든 생활을 해야 했다.

타이치우드족의 족장 키릴툭은 14세의 테무진이 비범한 아이라는 소문을 들었다. 부족장의 경쟁자였던 예수게이가 죽자 키릴툭은 잠시 마음을 놓을 수 있었으나 테무진이 자기의 경쟁자가 될 수 있다고 생각하여 테무진을 없애려고 했다.

가족들은 테무진을 달아나게 하였지만 결국 키릴툭에게 잡히고 말았다. 키릴툭은 곧바로 테무진을 죽이지는 않았다. 포로가 된 테무진은 목에 칼을 쓰고 매일 밤낮으로 집집마다 끌려 다녔다.

하지만 테무진은 탈출에 성공해 한때 아버지의 의형제였던 케레이트의 군주인 옹 칸 토오릴을 찾아가 그의 추종자가 되었다. 이후 테무진은 옹 칸의 보호 아래 자신의 세력을 키워 1189년경 몽골 씨족 연합의 맹주가 되었고 이때 칭기즈 칸이란 칭호를 받았다.

1204년에는 몽골 초원을 통일하였고, 1206년에는 몽골 제국의 칸에 올랐다. 그리고 유목민을 1000호 단위로 묶는 군사 조직인 천호제千戶制를 기반으로 서하西夏 · 금金 · 호라즘 왕국 등을 차례로 정복하였다.

하지만 칭기즈 칸은 서하와 전쟁을 벌이던 중 1227년 8월 18일에 죽었다. 칭기즈 칸의 손자인 쿠빌라이 칸(khubilai khan : 1215~1294)은 그의 업적을 바탕으로 중국을 정복해 원나라를 세우고 초대 황제가 되었다.

칭기즈 칸이 거대한 제국을 이룰 수 있던 배경에는 여러 가지가 있지만 제국의 지도자로서 검소하고 희생적인 인간미도 큰 역할을 하였다. 도교의 한 일파인 전진교全眞敎 도사 구처기(丘處機 : 1148~1227)에게 보낸 그의 편지에는 다음과 같은 말이 나온다.

나는 중국의 지나친 화려함에 환멸을 느낀다. 나는 황량한 북방에서 태어났다. 나는 양치기나 말치는 사람과 똑같은 옷을 입고 똑같은 음식을 먹는다. 그리고 재물도 똑같이 나눈다. 나는 백성들을 갓난아기처럼 소중히 여기며 병사들은 내 형제처럼 행각한다. 백 번의 전투에서 나는 제일 앞에 있었다.

* 1220년 3월 17일 '칭기즈 칸, 사마르칸트를 정복하다' 참조

1941년 8월 18일

독일 나치의 장애인 학살 계획 T-4 작전, 공식적으로 중단

독일 나치의 총통 아돌프 히틀러(Adolf Hitler : 1889~1945)는 한 회의에서 살 가치가 없는 생명은 안락사시켜야 한다고 역설하였다.

그러면서 살 가치가 없는 생명이란 톱밥이나 모래 위에서만 누워 있거나 자신의 배설물을 끊임없이 입에 집어넣는 등 심각한 정신병을 지닌 자들을 말한다고 하였다.

하지만 막상 이것을 실현하고자 하였지만 여론이 이를 쉽게 받아들이지 않을 것이 예상되었다. 히틀러는 의사 출신인 게르하르트 바그너에게 이 문제를 해결할 방안을 물었다.

바그너는 "그러한 문제는 전쟁 상황에서는 좀 더 쉽게 처리될 수 있습니다."라고 대답했다. 그리하여 히틀러는 그가 오랫동안 생각했던 정책을 실행하고자 전쟁을 일으키기로 결심하였다.

그리고 1939년부터 인종 정책의 일환으로, 정신병자, 발달장애 등 히틀러와 나치가 열등 유전자로 지목한 장애인들을 안락사시키는 계획을 세웠다. 이른바 'T4 작전T-4Action' 이었다.

이 작전은 열등한 유전자를 제거하여 '순수한' 아리안종을 보호하고 늘리기 위한 수단으로서 우생학eugenics에 기초한 것이었다. 이 작전으로 7만 5,000명에서 20만 명의 장애인이 학살당했다.

하지만 교회의 반발로 1941년 8월 18일, 나치 독일은 이 작전을 공식 중단했다. 그러나 그 이후에도 비밀리에 안락사를 이용한 장애인 학살이 이뤄졌다. 그중에는 가스실에서 죽이는 것도 포함되어 있었다.

이것은 후에 유럽 전체의 홀로코스트로 퍼져나갔다.

8월의
모든 역사

8월 19일

1991년 8월 19일

소련의 보수 세력,
고르바초프의 개혁에 대항하여 쿠데타를 일으키다

"개혁이 이루어지는 몇 년 동안, 우리의 민주주의는 어렵게 자리 잡았습니다. 그러나 아직도 그렇게 튼튼해지지 않았고 얼마 전에는 치명적인 위협을 당했습니다."

소련 대통령 미하일 고르바초프는 1991년 9월 9일 당 대회에서 8월에 있었던 쿠데타를 강하게 비판하였다.

1991년 8월 19일 소련의 보수 세력인 국가 고위 관리들과 당 고위층 인사들이 정권 탈취를 위한 쿠데타를 일으켰다.

쿠데타의 중심인물 8인으로 구성된 '비상사태 위원회'는 미하일 고르바초프(Mikhail Sergeyevich Gorbachyev : 1931~) 소련 연방 대통령을 체포하고 권한을 박탈하였으며 전국에 계엄령을 선포하였다.

대도시에는 군대가 배치되었고 집회와 시위는 금지되었다. 또한 연방 행정 기관은 자신들의 명령에 따를 것을 지시하였다.

쿠데타의 주역이었던 소련 국가보안위원회KGB 의장 블라디미르 크리우치코프(Vladimir Kryuchkov : 1924~2007)는 "고르바초프의 페레스트로이카(개혁)로 러시아는 초강대국으로서의 지위와 인민을 위한 사회주의 체제를 동시에 상실하였다."고 비난했다.

고르바초프는 1985년 소련 공산당 서기장에 선출된 이후 경제 침체와 외교적 고립이라는 문제를 해결하기 위해 대내적으로는 페레스트로이카, 대외적으로는 글라스노스트라는 실용적인 정책을 펼쳤다.

그의 개혁 정책은 서방 세계에서는 큰 환영을 받았다. 하지만 국내 정치 및 경제에서는 부분적인 성과에 그쳐 경제적으로는 혼란스러웠고 연방 내 공화국 사이의 갈등은 깊어졌다.

특히 페레스트로이카로 불이익을 받게 된 관료층과 공산당원, 군부, 군수 산업 종사자 등의 저항 세력이 등장하게 되었다. 결국 이들이 중심이 되어 쿠데타를 일으키게 된 것이었다.

그러나 급진적 개혁주의자로 러시아 공화국 대통령이었던 보리스 옐친(Boris Nikolaevich Yeltsin : 1931~2007)은 쿠데타가 일어난 지 몇 시간 후 쿠데타를 불법으로 선언하였다. 그는 러시아 공화국은 자신이 통제하고 있으니 국민들에게 총파업을 통해 항쟁하라고 촉구했다.

이에 따라 8월 20일 러시아의 주요 도시에서는 반反쿠데타 집회와 시위가 일어났다. 군대는 시위를 적극적으로 통제하지 않았으며 의사당 주변으로 이동하라는 쿠데타 세력의 명령을 거부하여 중립적 입장에 섰다. 결국 국민과 군대의 지지를 얻지 못한 보수 세력의 쿠데타는 8월 21일 3일 천하로 막을 내렸다.

고르바초프는 다시 대통령직으로 복귀하였지만, 권력은 쿠데타를 좌절시킨 옐친에게 옮겨가고 있었다.

결국 소련은 옐친이 중심이 되어 독립국 연합으로 해체되었고, 고르바초프는 1991년 12월 대통령직에서 물러났다.

* 1931년 3월 2일 '소련 대통령 미하일 세르게예비치 고르바초프 태어나다'
  참조
* 1988년 4월 29일 '미하일 고르바초프, 소비에트 연방에서 종교의 자유를
  늘릴 것을 공표하다' 참조
* 1991년 6월 12일 '보리스 옐친, 러시아 대통령으로 당선' 참조

—

1989년 8월 19일

평화 집회 범유럽 피크닉이 열리다

—

1980년대 후반에 폴란드와 헝가리에서는 민주화에 대한 모색이 시작되었다. 그러나 동독은 아직 보수적인 독일 사회주의 통일당 국가 평의회 의장 에리히 호네커(Erich Honecker : 1912~1994)가 국가 보안부인 슈타지Stasi를 이용하여 국민에 대한 단속을 강하게 하고 있었다.

이러한 상황 속에서 1989년 5월 헝가리가 오스트리아와의 국경을 개방한다는 소식을 들은 많은 동독 시민들이 서독으로의 탈출을 생각하기 시작했다.

그리고 7월 중순부터 동독 국민들은 헝가리 대사관, 체코 대사관, 동베를린의 서독 대표부에 서독으로 이주하겠다며 몰려들었다.

이에 당황한 서독 정부는 8월 중순 서독 대표부를 폐쇄하였으며 헝가리 주재 서독 대사관도 폐쇄하였다. 그러자 하루 100여 명의 동독 국민들이 헝가리와 오스트리아의 국경을 넘기 시작하였다. 동독 국민 대탈출의 시작이었다.

그리고 8월 19일에는 헝가리 민주포럼이 주최하는 평화 집회 범유럽 피크닉Paneuropäisches Picknick이 오스트리아와 헝가리 국경 부근의 도시인 소프론에서 열렸다. 이 집회에는 서독 망명을 요구하는 1,000여 명의 동독 시민들이 참여했다.

이 집회는 공산주의 유럽 국가의 철의 장막을 무너트리고 독일 베를린 장벽이 무너지는 사건으로 이어졌다. 이때에도 900여 명의 동독 국민이 일시에 국경을 넘었다.

이후 동독 국민은 매일 200~500명의 규모로 계속적으로 국경을 넘었다. 이로 인해 결국 11월 9일 베를린 장벽이 무너졌다.

* 1989년 11월 9일 '독일 베를린 장벽이 무너지다' 참조

1839년 8월 19일

프랑스 다게르의 사진술 발명이 공식 선언되다

사진술의 원리는 이미 10세기 무렵 아라비아에서 사용되었다. 이후 상자에 구멍을 뚫어 맞은 편 측면에 보이는 화상을 그려내는 기술이 유럽에 전해졌다.

프랑스의 풍경 화가였던 루이 다게르(Louis Jacques Mandé Daguerre : 1787~1851)는 1837년 1월 다게레오 타입daguerreo type이라는 사진 현상 방법을 발명하였다. 이는 은판사진법이라고도 한다.

사실 사진술의 발명은 다게르 혼자만의 작품이 아니었다. 이미 4년 전에 사망한 조제프 니세포르 니엡스(Joseph Nicephore Niepce : 1765~1833)와의 공동연구의 성과였다. 그럼에도 불구하고 다게르는 일방적으로 다게레오 타입으로 공표했던 것이다.

그리고 1839년 8월 19일 프랑스 과학 학사원 주최로 과학아카데미와 미술아카데미 합동집회가 열렸다. 그 자리에서 당시 프랑스 천문대장이자 물리학자인 프랑수아 아라고(Francois Arago : 1786~1853)는 다게레오 타입의 기술적인 요소를 상세히 설명, 발표하였다. 이 발표로 인해 다게르의 사진술 발명 선언이 공식화되었다.

그래서 매해 8월 19일을 '사진술 발명의 날'로 기념하고 있다.

8월의
모든 역사

8월 20일

■
■
■

1988년 8월 20일

이란과 이라크 간에 정전 협정이 발효되다

첫째, 이란은 우리가 주장하는 쉬린 · 메헤란 · 샤트 알 아랍수로 등
의 영유권을 인정할 것
둘째, 이란은 우리와 페르시아 만 주변 아랍국의 국내 문제에 영향
력을 행사하지 말 것
셋째, 이란은 1971년 이후 점령한 호르무즈 해협 3개 섬을 아랍에
미리트에 반환할 것

-사담 후세인

　이라크의 사담 후세인(Saddam Hussein : 1937~2006) 대통령은 이란이 받아들일 수 없는 제안을 하였다. 그리고 1980년 9월 이란에 있는 주요 공군 기지를 폭격하기 시작했다. 비록 기습 공격이었지만 그 효과는 크지 않았다.

　이란의 공군을 지상에서 파괴하려던 이라크의 의도와는 다르게, 두께 2m 이상 되는 격납고와 콘크리트 방벽으로 보호되어 있던 이란의 공군기들은 무사하였고, 오히려 다음 날 이란의 공군기들이 이라크의 주요 시설들을 폭격하기 시작했다.

　하지만 이라크 육군은 성공적으로 이란을 침입하였다. 전 육군 전력의 50%를 투입한 이라크는 이란 영내 45km 지점까지 진출하였다.

　주요 공격 목표였던 이란 남부의 석유 지대 공격은 쉽지 않았다. 특히, 인구 30만 명의 도시 아바단의 반격은 대단했다. 이라크의 전차나 장갑차는 이란의 대전차 화기에 좋은 먹잇감이 되었다.

　전쟁은 후세인의 예상과 다르게 성공적이지 못했으며 전쟁 개시 1주일 만에 내놓은 후세인의 협상 제의를 이란은 거부하였다. 전쟁 발생 2주일 만에 전쟁은 기동전에서 장기적인 진지전으로 바뀌었다. 그리고 전쟁은 8년을 끌었다.

　미국과 소련은 중립적인 입장에 서 있었지만 무기 판매에는 열을 올렸다. 국제연합UN은 전쟁이 페르시아 국가로 확대되는 것을 막기 위해 1987년에 중재에 나섰으며, 두 나라는 1988년 7월 유엔 안보리의 정전안案을 받아들였다. 이로써 8월 20일 이란과 이라크 간에 정전 협정이 발효되었다.

　이란 · 이라크 전쟁에는 두 나라의 오랜 역사적, 종교적 적대감이 작용하였다. 이란은 시아파 이슬람을 국교로 인정하였고, 이라크 내에 있

던 시아파를 비밀리에 지원하고 있었다. 이라크의 지도층을 이끌던 수
니파 세력들은 이란에 대해 강한 불만을 가지게 되었다.

그래서 두 나라 사이에 국경 분쟁은 끊임없이 일어나고 있었고, 특히
1975년에 체결된 국경 협정을 이란이 위배하자 전쟁은 피할 수 없게
되었다. 그러던 중 1979년 2월 이란에서 혁명이 일어나자 이라크는 혼
돈스런 상황을 이용하여 이란에 대해 주도권을 잡으려 하였던 것이다.

하지만 이란과 이라크 전쟁은 두 나라 어느 쪽에도 이익을 남겨주지
않았으며 국가와 국민을 파멸로 몰아넣은 무모한 전쟁으로 끝났다.

* 1979년 2월 11일 '이란 혁명 발생' 참조

1948년 8월 20일

국제 난민 기구 창설

제2차 세계 대전으로 세계 곳곳에서는 전쟁을 피하기 위해 또는 정
치적인 이유로 수백만 명이 고국을 떠나거나 강제로 이주되는 사태가
발생하였다.

1945년 10월 국제연합UN이 설립되자 이들 난민들을 보호하려는 국
제적인 움직임이 있었다.

1946년 UN은 난민 문제를 다루는 전문 기관으로서 국제 난민 기구
를 창설하자는 결의문을 채택하여 1948년 8월 20일 UN 총회의 결의에
따라 국제 난민 기구IRO가 창설되었다.

이 기구는 1951년까지 활동을 계속하였으며, 이후 1951년에 창립된

유엔 난민 고등 판무관UNHCR이 국제 난민 기구를 대신하고 있다.

* 1945년 10월 24일 '국제연합이 설립되다' 참조

1960년 8월 20일

서아프리카의 세네갈 독립

세네갈은 아프리카 서쪽 대서양에 접해 있는 나라로 주변국으로는 말리 · 모리타니 등이 있다. 수도 다카르는 프랑스 파리에서 출발하는 유명한 자동차 레이스인 파리-다카르 랠리의 종점이다.

세네갈은 15세기 포르투갈인에 의해 알려진 이후 유럽 여러 나라들의 침략을 받았다. 19세기 말에는 프랑스의 식민지가 되어 1946년에 프랑스 연합의 해외 영토가 되었다.

제2차 세계 대전으로 독립 운동이 일어나 1960년 8월 20일에 독립하였다. 이후 세네갈은 서북아프리카 지역에서 정치 · 경제 · 외교 등을 이끄는 중심국이 되었다.

그래서 2012년 현재 아프리카단결기구OAU 등에서 큰 영향력을 발휘하고 있다.

8월의
모든 역사

8월 21일

■
■
■

1831년 8월 21일

미국의 흑인 노예 내트 터너가 반란을 일으키다

두려움에 떨며 외로이
나는 어둠 속에서 방황했다.
지금 제게 말씀을, 아니면 죽음을 주십시오.
죽음을, 어둠이 속삭였다.

거친 물체들이 어둠 속에서
숨을 헐떡이며 난투를 벌이고
악의 소란한 형상들이 공중에서 법석을 떨었다.
나는 두려움으로 비틀대며 기도했다.

갑작스러운 빛이 잠식해 오는 어둠을 갈랐다.
빛은 황금빛 어둠.
빛은 너무나 밝아
오히려 그것은 어둠이었다.

-로버트 헤이든, 「내트 터너의 노래The Ballad of Nat Turner」

19세기 초까지 미국 남부에서는 노예가 재산으로 간주되었기 때문에 노예는 사고팔고, 저당 잡히고, 빚을 갚는 수단이 되기도 하였다. 또한 노예는 인간이 아니었기 때문에 재산을 소유할 수도, 글을 배울 수도, 법정에서 증언을 할 수도 없었다.

노예들의 혼인도 법적으로 인정되지 않았다. 주인의 허락을 받아 가정을 가지는 경우라 할지라도, 언제든지 팔려가 가정이 깨질 수 있었다. 잘못했을 경우에는 매를 맞고, 불로 낙인이 찍혔다. 여자 노예는 백인 남자들에 의해 강간당하기 일쑤였다.

하지만 미국 남부의 노예제 역사에서 노예들의 대규모 반란은 의외로 적다. 그것은 남부의 노예 체제가 얼마나 가혹했으며, 흑인들을 얼마나 조직적으로 억압했는지 반증한다.

흑인들은 이런 가혹한 노예 제도 아래서 승산이 없는 폭동보다는 감독자와 주인의 살해, 농장의 방화, 도주 등의 형태로 저항했다. 특히 많은 흑인들은 자유를 찾아 목숨을 걸고 북부나 멕시코로 도주했다. 그런 가운데서도 몇 차례에 걸쳐 노예 반란이 모의되거나 실제로 실행되었다.

1800년에는 가브리엘 프로서(Gabriel Prosser : 1776~1800)가, 1822년에는 덴마크 비지(Denmark Vesey : 1767?~1822)가 반란을 모의했지만 둘 다 사전에 발각되어 실패하고 말았다.

버지니아 주 헨리코 카운티에서 일어난 가브리엘의 반란 모의는 참가 인원이 1,000명에 달했다. 그들은 곤봉, 칼, 총으로 무장한 채 리치먼드로 향하던 중 뜻하지 않은 심한 폭풍우로 도로와 다리가 침수되어 더 이상 나아갈 수 없었다. 그래서 사전에 준비를 하고 있던 당국에 의해 진압되어 30여 명이 교수형을 당했다.

1822년 덴마크는 9,000명이나 되는 추종자들을 모아 반란을 꾀했지만 역시 사전에 계획이 새 나가 35명이 교수형을 당하고 말았다.

1811년 1월에는 뉴올리언스의 메이저 앤드리 농장에서 노예 반란이 모의에 그치지 않고 실제로 실행되었다. 400명이 넘는 노예들이 몽둥이, 칼, 도끼로 무장하고 돌아다니며 파괴 행위를 해 주인에게 부상을 입히고 그의 아들을 살해했다.

그리고 그들은 뉴올리언스로 행진했다. 그러나 그들은 결국 소총과 대포로 무장한 군대에 의해 잔인하게 진압되었으며 66명이 현장에서 살해되고 21명이 재판을 받아 총살형을 당했다.

남부 노예 제도 역사상 가장 대규모의 노예 반란은 1831년 8월 21일 버지니아 주 사우샘프턴 카운티에서 일어난 내트 터너(Nat Turner : 1800~1831)의 반란이었다.

그는 태어났을 때에 성姓이 없었으며, 내트Nat로만 알려졌다. 터너Turner라는 성은 그의 소유주였던 새뮤얼 터너의 성이었다.

흑인 노예들 사이에서 '예언자'라고 불린 터너는 노예 주인들을 죽이고 남부에서 노예 제도를 폐지하려는 열망을 지니고 반란을 주도했다. 처음에는 8명이 시작했지만 참가자가 늘어나 70명에 달했다.

이들은 칼과 도끼 등으로 무장하고 백인들의 집을 습격해 57명의 남녀노소 백인들을 살해했다. 하지만 이 반란은 민병대와 연방군에 의해 이틀 만에 진압되었다.

터너는 체포되어 11월 11일에 교수형에 처해졌다. 주동자들 20명 또한 교수형을 당했다. 그리고 성난 백인들에 의해 200명에 가까운 흑인들이 채찍질과 고문을 당하고 살해되었다.

터너의 반란은 비록 조기에 진압되었지만 미국 사회에 준 충격은 엄청났다. 이 반란은 남부인들을 공포로 몰아넣어 흑인들에 대한 감시와 통제가 더 한층 강화되었다. 백인들은 순찰대와 민병대를 강화하고 가혹한 노예법을 통과시켰을 뿐만 아니라 노예제에 대한 어떤 비판도 봉쇄했다.

그러나 다른 한편에서는 이 사건을 계기로 노예 제도 문제가 전 국민적인 이슈로 확대되었다. 1830년대에는 노예 제도 문제를 두고 폐지론과 찬성론이 첨예하게 대립했다.

그런 가운데 노예 제도 폐지 운동은 오히려 동력을 얻어 점차 활성화되고 조직화되어갔으며, 이는 링컨(Abraham Lincoln : 1809~1865) 대통령의 노예 해방 선언으로 결실을 맺었다.

* 1863년 1월 1일 '링컨 대통령, 노예 해방 선언문 발표' 참조

—

1983년 8월 21일

필리핀 야당 지도자 베니그노 아키노 피살

—

베니그노 아키노(Benigno Aquino : 1932~1983)는 1932년 필리핀 루손섬 타를락 주州에서 태어났다. 그는 종군기자 생활을 하다가 1955년 22세의 나이에 타를락 주 콘셉시온 시에서 최연소 시장이 된 이후 타를락 주 주지사와 최연소 상원의원이라는 화려한 정치적 경력을 쌓았다.

그러나 1972년 9월 페르디난드 마르코스(Ferdinand Edralin Marcos : 1917~1989) 대통령이 계엄령을 선포한 뒤 설치된 군사 법정에서 그는 살인과 내란 혐의로 사형을 선고받았다.

마르코스가 1980년 미국 망명을 허용하자 미국에서 마르코스 독재

체제 반대 운동을 펼쳤다.

그러다가 1983년 8월 21일, 베그니노는 가족의 만류에도 불구하고 대통령 선거를 위해 필리핀으로 돌아왔다. 하지만 그는 마닐라 공항에 도착한 직후 암살당하였다.

이를 계기로 필리핀 민주화 운동인 '피플 파워'가 폭발하였고, 마르코스와 그의 부인 이멜다(Imelda Marcos : 1929~)는 필리핀에서 쫓겨났다.

8월의
모든 역사

8월 22일

■
■
■

1485년 8월 22일

보즈워스 전투를 마지막으로
영국의 장미 전쟁이 끝나다

-보즈워스 전투, 작자 미상

1455년 5월, 붉은 장미를 표시로 삼은 랭커스터가※와 흰 장미를 표시로 삼은 요크가※ 사이에 왕위 쟁탈전이 벌어졌다. 이른바 '장미 전쟁'의 시작이었다. 이후 이 전쟁은 엎치락뒤치락하면서 30여 년 동안 지루한 공방이 이어졌다.

이 전쟁을 종결시킨 전투가 있었는데, 바로 1485년 8월 22일에 벌어진 '보즈워스 전투'였다.

이에 앞서 랭커스터 가문의 유일한 영국 왕위 계승자인 헨리 튜터는 프랑스 용병대를 포함한 소수의 병력을 대동한 채 고향인 펨프룩셔로 돌아왔다. 그는 투크스베리 전투에서 요크 가문에 패배를 당한 후에 프랑스로 몸을 숨겨 왔었다.

이후 헨리는 왕위를 찾기 위해 부친의 고향인 웨일스를 돌아다니며 자신을 지지하는 병사 5,000명을 모았다. 이에 헨리의 동향을 살피던 요크 가문 출신의 영국 국왕 리처드 3세(Richard Ⅲ : 1452~1485)는 8,000명의 병사를 모아 전쟁에 대비하였다.

드디어 1485년 8월 헨리는 리치필드로 출발하였다. 이 소식을 들은 리처드도 8월 21일 보즈워스 근처에서 3km 떨어진 서튼 체니에 진지를 차렸다. 곧이어 헨리도 서튼 체니에 도착하였다.

다음 날인 8월 22일, 리처드는 앰비온 힐이라는 고지를 점령하는 것이 유리하다는 판단하에 먼저 그곳까지 진격하였다. 헨리 또한 참모의 조언을 듣고 앰비온 힐을 향해 진격 명령을 내렸다. 2시간의 전투 끝에 리처드는 앰비온 힐을 차지하였다. 하지만 전투력과 수적 우세를 확신한 리처드는 더 이상 돌격하지 않고 그대로 시간만 지체하고 있었다.

이에 헨리 부대는 전세를 가다듬고, 리처드 부대를 앰비온 힐에서 끌어내기 위해 대포와 화살을 동원하여 공격하였다. 하지만 수적 열세를 만회하지 못하고 계속 전투에서 밀리게 되었다. 이때 그동안 중립을 선언했던 윌리엄 스탠리와 토마스 스탠리 등의 스탠리 형제가 병사 3,000명을 이끌고 달려왔다. 이들은 헨리 측에 동참하기로 결정하고 공격에 참여하였다.

스탠리 형제의 협공에 당황한 리처드는 후방을 호위하던 노섬벌랜드 백작에게 스탠리 형제를 막으라는 명령을 내렸다. 하지만 노섬벌랜드 백작은 전세가 기울어졌다는 판단을 내리고, 아무런 조치도 취하지 않았다. 게다가 헨리 부대의 공격으로 리처드의 부대 지휘관인 존 하워드 마저 전사하였다.

리처드는 전세를 돌리기 위해 본대와 약간 떨어져 있던 헨리를 향해 돌격을 감행했다. 이 돌격에서 리처드는 헨리의 기수였던 윌리엄 브란든을 살해하였지만 끝내 헨리의 부대에 의해 포위당하여 죽고 말았다.

왕이 죽자 리처드 부대의 사기는 급격히 떨어졌다. 이후 리처드 부대는 전열이 붕괴되며 뿔뿔이 흩어져 도망쳐 버렸다. 결국 보즈워스 전투는 랭커스터 가문 헨리 튜터의 승리로 끝났다.

이 전투는 리처드 3세의 패배로 인한 요크 가문의 몰락과 헨리에 의해 튜터 왕가 수립이라는 결과로 막을 내렸다. 이로써 30년에 걸친 장미 전쟁이 종결되었다.

이후 헨리 튜터는 대관식을 가져 헨리 7세(Henry Ⅶ : 1457~1509)로 즉위하였고, 영국에는 118년 동안 지속될 튜터 왕가가 세워지게 되었다.

* 1455년 5월 22일 '영국의 랭커스터 왕가와 요크 왕가, 장미 전쟁을 시작하다' 참조

1922년 8월 22일

아일랜드 독립운동가 마이클 콜린스 피살

"나의 유일한 희망은 평범한 사람들을 비참한 삶으로 몰아넣는 이들이 파멸하는 것이다. 나는 그들이 스스로 멸망하도록 만들 것이다."

-마이클 콜린스

아일랜드의 독립 운동을 이끈 마이클 콜린스(Michael Collins : 1890~1922)는 16세 때부터 10년 동안 런던에서 영국 관리로 일했었다.

그러나 1916년 고국으로 돌아와 독립 운동을 이끌었고 그해 4월 부활절 봉기를 일으켰다. 하지만 많은 지원군에도 불구하고 패하자 그만의 게릴라 전술을 개발했다. 즉 진지를 빼앗는 것이 아니라 정보를 빼앗는 것이었다.

그는 아일랜드 통치의 중심이었던 더블린의 시민들을 이용했다. 더블린의 군사 정보국에서 일하는 서기는 영국 측 관리에게 보낼 기밀문서를 몰래 복사하여 그에게 주었다.

부두 노동자는 연발 권총을 구해 주었고, 탐정들은 스파이를 가려냈다. 결국 콜린스는 1921년 12월 영국-아일랜드 조약을 성사시켜 아일랜드 자유국을 탄생시켰다.

하지만 이듬해인 1922년 8월 22일 완전 독립을 주장하는 아일랜드 공화국군 강경파에게 암살당하였다.

* 1916년 4월 24일 '아일랜드 시민군, 부활절 봉기' 참조

* 1949년 4월 18일 '아일랜드 공화국, 영국 연방에서 독립' 참조

1966년 8월 22일

아시아 개발 은행 발족

아시아 개발 은행ADB은 아시아·태평양 지역의 협력을 통한 지역 경제 발전을 도모하기 위해 1966년 8월 22일에 설립된 기구이다.

이 기구의 주요 업무는 지역 내 개발과 투자 촉진, 역내 개발에 관한 정책 및 계획 조정, 기술 원조 공여, 국제기관과의 협력 등이다. 그리고 재원은 자본금과 아시아 개발 기금ADF 출연액, 국제 금융 시장으로부터의 차입 등을 통해 조달하였다.

아시아 개발 은행은 1965년 아시아 극동 경제 위원회 총회에서 설립이 결정되었다. 본부는 필리핀 마닐라에 있으며, 의사 결정 기구로 총회와 이사회가 있다.

특히 투표권이 출자액에 따라 결정되는 구조이다. 그래서 일본과 미국이 각각 12.9%로 가장 많고, 다음으로 중국이 5.51%를 보유하고 있다.

회원국 신규 가입과 같은 주요 의사결정은 회원국 3분의 2 이상의 찬성과 총투표 권의 4분의 3에 해당하는 지지가 있어야 한다.

설립 당시 한국과 일본, 필리핀 등 31개국이 참여하였으나 이후 회원국이 꾸준히 증가하였다. 2012년 현재 역내 46개국과 미국, 독일을 비롯한 역외 18개국 등 총 64개국이 참여하고 있다.

1932년 8월 22일

영국 BBC, 시험 TV 방송 개시

제1차 세계 대전 직후 영국에서는 라디오 방송국이 설립되기 시작하였다. 이들은 1922년 민영 주식회사인 영국방송유한회사British Broadcasting Company Ltd를 설립하였다.

하지만 1925년 의회 위원회는 이 회사의 해체를 권고하였고, 대신 1927년에 공영기업인 영국방송협회(BBC : British Broadcasting Corporation)를 설립하였다. 이것은 BBC에 대해 최종적으로는 의회가 책임을 지지만 운영에 있어서는 완전히 독립되어 있다는 것을 의미했다.

이후 BBC는 왕실 칙령에 따라 영국의 모든 방송 사업에 대한 독점권을 갖게 되었다. 그래서 BBC는 1954년에 독립텔레비전공사가 운영하는 상업방송이 설립되기 전까지 영국의 텔레비전 사업을 독점했다.

한편 BBC는 1932년 12월에 국제방송인 엠파이어 서비스를 시작한 것을 필두로 여러 나라의 방송에 영향을 주었다. 1936년 8월 22일부터는 하루 두 시간씩 텔레비전 시험 방송을 개시했다. 또한 1967년 7월에는 PAL 방식의 컬러텔레비전 방송을 시작하였으며, 1998년 9월에는 세계 최초의 지상 디지털 방송을 개시하였다.

2012년 현재 BBC는 시청자 수로 따졌을 때 세계 최대의 방송국이다. 주요 채널로는 BBC1, BBC2, BBC3, BBC4, CBBC, Ceebeebies, BBC News, BBC Parliament 등이 있다.

* 1939년 4월 30일 '미국, 최초의 TV 방송 시작' 참조

8월의
모든 역사

8월 23일

．
．
．

1943년 8월 23일

제2차 세계 대전 동부 전선 최대 격전지인 쿠르스크 전투가 종결되다

쿠르스크 전투는 일명 성채 작전Unternehmen Zitadelle이라고도 불린다.
제2차 세계 대전 동안 동부 전선에서 일어난 가장 주목할 만한 전
투 중 하나이며, 역사상 최대 규모의 기갑전이었다. 또한 이 전투는
소련군이 독일군에게 여름에 승리한 최초의 전투였다.

독일군은 오랫동안 이 전투를 준비하여 선제공격을 가했지만, 소련
군은 독일군을 저지하는 데 성공, 곧 반격을 개시하여 오룔, 벨고로
트, 하르코프를 재탈환하였다. 이 전투에서 독일군 전력은 막대한
피해를 입게 되어 회복하는 데 시일이 걸렸다.

이후로 독일군은 두 번 다시 공세로 전환하지 못하고, 소련의 파상
공세에 동부 전선 전체가 무너지기 시작했다.

　1942년 여름부터 이듬해 2월까지 소련과 독일 사이에 벌어진 스탈린
그라드 전투는 독일의 패배로 종결되었다. 이후 잠시 소강상태가 된 동
부 전선에서 독일군은 반격을 계획하였다.

　아돌프 히틀러(Adolf Hitler : 1889~1945)는 쿠르스크를 중심으로 한 폭
180km, 길이 72km의 돌출부에 위, 아래쪽에서 공격을 감행해 동부 전
선에서 주도권을 확보할 생각이었다.

　이 작전이 성공하면 독일군은 남쪽 지역을 재탈환하거나 북동쪽으로
우회해 모스크바 후방으로 진격해 들어간다는 구상을 갖고 있었다.

　이 작전을 하달받은 에리히 폰 만슈타인(Fritz Erich von Manstein :
1887~1973) 원수는 소련군이 재편성되어 참호를 파기 전에 공격할 목
적으로 공격 날짜를 1943년 5월로 잡고 계획을 진행하였다.

　하지만 히틀러는 전력 면에서 우세를 확신하게 된 7월 초까지 공세
개시를 미루었다. 최종 준비를 마쳤을 즈음, 독일군은 자주포 2,700대,
비행기 2,000대, 대포 1만 문 등의 무기를 장착하고, 총 90만 명의 병력
을 확보하게 되었다.

　한편 소련군 총참모부는 지난 두 해 동안 경험한 독일군의 전투 계획
양상으로 볼 때 여름 공격이 쿠르스크를 목표로 하고 있다는 정확한 추
측을 하였다. 독일군이 쿠르스크 북쪽의 오룔과 남쪽의 하르코프 주위
의 집중된 것도 확신을 더해 주었다.

　이에 소련은 역사상 가장 철저한 방어 작전을 실행하게 되었다. 그들
은 쿠르스크 주변 지역으로 7개 군을 집어넣고, 200km 정도 떨어진 후
방에는 코네프의 예비 부대를 집결시켰다.

　쿠르스크 방어 지역은 여섯 개의 진지선으로 이루어져 있었고, 총
4,800km에 이르는 십자형 참호가 만들어졌다. 그 주위에는 대포와 대

전차포가 놓였으며, 또한 40만 개가 넘는 지뢰가 매설되고 가짜 공군 기지 50개가 추가로 지어졌다.

소련군은 총 인력의 40%와 기갑 부대의 75%를 이 지역에 투입하였다. 이 지역에서의 패배는 소련군에 막대한 영향을 끼칠 것이기 때문이었다.

5월 초에 작전이 시작될 것이라는 첩보를 입수한 소련군은 상급 경계령을 내렸다. 그러나 작전은 계속해서 연기되었고, 두 달 동안의 긴장 상태는 소련군의 사기를 떨어뜨리고 일부 장교들은 중압감을 견디지 못하여 전선에서 이탈하기도 하였다.

결국 성채 작전은 7월 5일 새벽 4시 30분에 개시되었다. 그러나 독일군 각 기갑 사단은 소련군이 오랫동안 준비한 참호와 장애물, 지뢰, 대전차포의 방어로 인해 진격 속도가 떨어져 신속한 돌파는 어렵게 되었다.

이에 7월 12일 아침 7시, 대규모의 독일 폭격기 부대가 소련군 진영을 맹렬히 폭격하였고 이에 맞서 소련 전투기들이 출격하였다. 그리고 겨우 3km²에 불과한 지역에 수백 대의 전차가 뒤엉켰다.

이 단일 전투에서 약 700대 이상의 전차가 파괴되어 독일군과 소련군은 많은 전차를 잃었다. 독일군은 더 이상 결정적인 진격이 불가능해졌다.

결국 7월 13일, 성채 작전은 공식적으로 취소되었고, 독일군에게 성채 작전 이전의 방어선으로 철수하라는 명령이 떨어졌다. 이로써 독일군의 쿠르스크 공세는 7월 15일에 끝났다.

이 전투는 독일 측에게 극심한 전력 손실을 입혔다. 이에 소련군은 쿠르스크 북쪽의 오룔과 브리얀스크마저 탈환하여 독일 중부 집단군을 완전히 무너뜨릴 작전을 개시하였다.

독일군의 한쪽이 뚫리면서 소련군은 물밀듯이 쳐들어가 8월 5일에 오룔을, 8월 18일에는 브리얀스크를 손에 넣었다. 쿠르스크 남쪽에서도 반격이 이루어져 8월 23일에는 하르코프를 점령함으로써 쿠르스크 전투는 막을 내리게 되었다.

—

1939년 8월 23일

독일과 소련, 상호 불가침 조약 체결

—

두 나라는 서로 침략하지 않는다. 두 나라 중 한 나라가 침략받으면, 침략한 나라에게 원조를 제공하지 않는다. 두 나라 사이에 발생하는 분쟁은 평화적으로 처리한다.

-독 · 소 상호 불가침 조약문

제2차 세계 대전의 전운이 감돌고 있던 1939년 소련은 영국 · 프랑스 측과 독일 측으로부터 동시에 동맹 제의를 받고 있었다.

소련은 독일을 선택했다. 나치즘의 독일과 공산주의 소련의 협정, 자본주의와 공산주의의 가장 끝자락인 두 나라 사이에 독소 불가침 조약이 맺어진 것이다. 8월 23일의 일이었다.

독일은 소련의 중립을 확보함으로서 다음 달인 9월 1일에 폴란드를 침략하여 제2차 세계 대전을 일으킬 수 있었다.

소련의 입장에서는 자본주의 국가들의 전쟁이 자신의 세력을 강화하는 데 도움이 되는 것이었고, 폴란드와 발트 해 국가를 떼어 주겠다는 독일의 약속도 매혹적인 것이었다.

하지만 발칸 반도 문제로 두 나라 사이의 관계가 멀어지면서, 1941

년 6월 독일은 선제공격을 가하면서 소련을 침공하였다.

* 1941년 6월 22일 '독일, 소련 침공' 참조

—

1989년 8월 23일

발트 3국, 600km의 인간 사슬 시위를 벌이다

—

"우린 자유를 원한다. 러시아는 가라."

발트3국으로 불리는 에스토니아 · 라트비아 · 리투아니아 등 3개국 국민

100만이 넘는 사람들은 무려 620km에 이르는 인간 사슬을 만들고 독립을

외쳤다.

스칸디나비아 반도 안쪽, 유럽 북동부 발트 해에 있는 에스토니아 ·

라트비아 · 리투아니아 세 나라는 18세기 제정 러시아에 편입되었다.

이들 국가는 러시아 혁명 이후 1918년에 독립하였지만, 1940년에는 소

련에 다시 합병되었다.

1980년대 고르바초프의 개혁 · 개방화 정책에 힘입어 발트 3국에서

도 독립의 열기가 고조되었다. 그리고 1989년 독소 불가침 조약 50주

년을 맞아 이들 국민들은 감동적인 드라마를 연출하였다.

8월 23일, 세 나라 국민들은 가장 북부에 자리한 에스토니아 수도 탈

린에서 가장 남부에 있는 리투아니아의 수도 빌뉴스까지 자유와 독립

을 외치면서 손을 맞잡고 거대한 인간 사슬을 만들었다.

이러한 독립 의지와 소련의 해체로 발트 3국은 1990년과 1991년에

각각 독립을 획득할 수 있었다.

* 1940년 6월 17일 '소련, 발트 3국 합병' 참조

—

2003년 8월 23일

아프가니스탄의 아지미, 육상 100m 경기에서 최저 기록 달성

—

2003년 8월 23일, 프랑스 파리에서 열린 세계 육상 선수권 대회 여자 100m 예선에 아프가니스탄의 리마 아지미(Lima Azimi : 1982~)가 출전 하였다.

카불대학교 2학년생였던 그녀는 23세로 아프가니스탄의 유일한 대표 선수였다. 탈레반이 정권을 찬탈한 이후 아프가니스탄에서 첫 여자 대표 선수가 된 아지미는 육상을 시작한 지 불과 한 달도 되지 않았다.

그런 아지미가 세계 육상 선수권 대회에 출전할 수 있었던 것은 전쟁 의 참화를 겪은 아프가니스탄 선수들을 특별 초청 케이스로 부른 조직 위원회의 특별한 배려 때문이었다.

그래서 그녀는 선수용 팬츠 대신 바지를 입었으며 스타팅 블록의 사용법도 몰랐다. 아지미는 18초 37이라는 기록으로 결승선을 통과했다. 그날 조 1위를 차지한 미국의 화이트와는 7초 이상의 차이가 났다. 이 기록은 육상 100m 사상 최저 기록이었다.

경기 후, 아지미는 여성의 스포츠를 금지하고 있는 정권에 항의하고, 또한 아프간의 내란 등에 대해 국제적인 관심을 호소하고자 출전을 강

행하였다고 밝혔다.

1958년 8월 23일

중국군, 금문도와 마조도에 제2차 포격 개시

냉전 기간인 1950~1960년대 사이에 중국과 미국은 세 차례의 타이완 해협 위기를 맞았다. 제1차 위기는 1954년 9월에 중국이 타이완 영토인 금문도金門島와 마조도馬祖島를 포격한 것으로, 그해 미국과 타이완 사이에 안보 조약이 체결되었다.

제2차 위기는 1958년 8월 23일에 있었으며 이때 소련은 중국의 입장을 지지하였다. 이 포격으로 금문도에는 모두 47만 발의 포탄이 떨어졌다. 포탄의 몸체는 매우 단단한 금속이 사용되었는데, 당시 주민들은 이것으로 식칼을 만들기도 했다.

1962년 6월에는 제3차 위기가 발생했으며 미국의 케네디(John Fitzgerald Kennedy : 1917~1963) 대통령은 중국의 타이완 영토 포격을 중지하라고 경고하였다.

중국은 미국의 강력한 개입으로 타이완에 대한 무력 해방 정책을 장기적인 정치 전략으로 바꾸었다.

8월의
모든 역사

8월 24일

.
.
.

79년 8월 24일

베수비오 화산 대폭발로 폼페이가 멸망하다

이 세상에 변하지 않는 것은 없다. 찬란히 빛나던 태양도 저녁이 되면 바닷속으로 잠긴다.

말다툼과 논쟁을 자제할 수 없다면 집에 가는 것이 더 낫다.

여기에 미노타우루스가 산다.

티투스 황제의 의사인 아폴리나리스가 여기서 볼일을 보다.

나와 함께 저녁을 먹지 않는 사람은 야만인이다.

-폼페이의 낙서들

폼페이 최후의 날은 로마의 정치가인 플리니우스(Gaius Plinius Caecilius Secundus : 61?~113?)가 쓴 편지에 생생하게 나타나 있다. 그는 나폴리 만의 해군 제독이었던 플리니우스(Gaius Plinius Secundus : 23~79)의 양자 로 화산이 폭발하기 직전 시민들을 구하러 갔다가 폼페이의 참혹한 광 경을 지켜보았다.

서기 79년 8월 24일 아침. 지체 높은 로마 시민들의 여름 휴양 도시 폼페 이는 활기에 넘쳐 있었다. 베수비오 산 기슭에서 사루누스 강 어귀에 세 워진 폼페이는 로마 제국의 화려함을 잘 나타내 주는 사치스러운 도시였 다. 베수비오 산은 이따금 연기를 내뿜었지만 16년 전 폭발한 뒤로는 그때 까지 아무 일도 없었다. 사람들은 오히려 산에서 가끔 연기가 나오는 것이 폼페이의 경관을 더욱 멋지게 꾸며 주고 있다고 말했다.

정오쯤 되자, 며칠째 계속되던 땅의 흔들림이 갑자기 거세어졌고 베수비 오 산에서 하늘을 뒤덮는 버섯구름이 솟아올랐다. 그리고 사람들이 미처 몸을 피할 겨를도 없이 엄청난 폭발음과 함께 산꼭대기가 갈라지면서 뜨 거운 화산재와 용암이 쏟아졌다. 새들은 날다가 낙엽처럼 떨어졌고, 사람 들은 갈팡질팡하여 이리 뛰고 저리 뛰어다녔다. 짐승들도 숨을 곳을 찾아 헤맸다. 화산은 쉴 새 없이 터졌고, 검은 연기와 불꽃이 하늘을 완전히 가 렸다.

로마 제국 시대의 상업 도시이며 귀족들의 휴양 도시였던 폼페이는 79년 8월 24일에 발생한 베수비오 화산의 폭발로 황무지로 변하여 사람 들의 관심에서 멀어졌다. 이후 1500년이 지난 16세기 말부터 소규모 발 굴이 이루어지기 시작했으며, 18세기에는 본격적인 발굴이 시작되었다.

1738년 스페인의 기술자 로케는 베수비오 화산 폭발로 폼페이와 함께 사라진 도시 헤르쿨라네움Herculaneum에서 예술품을 찾고 있었다. 하나, 둘 예술품이 나오기 시작하자 로케는 1754년부터 본격적인 발굴을 시작했고, 소문은 유럽의 골동품상과 학자들에게 알려졌다.

이 중에 독일의 미술사학자 요한 빙켈만(Johann Joachim Winckelmann : 1717~1768)도 있었다. 그는 헤르쿨라네움과 폼페이의 발굴이 마구잡이로 이루어지고 있는 것을 보고 나폴리로 달려가 샤를르(Charles : 1226~1285) 국왕을 만났다.

"전하, 나폴리 학자들이 폼페이를 마구잡이로 파헤치고 있습니다. 제발 폼페이를 훼손하지 말고 발굴해 주십시오. 거기서 나오는 물건은 인류 전체의 재산이며, 그리스와 로마 문화를 연구할 귀중한 자료입니다."

빙켈만의 호소에도 불구하고 왕은 화를 냈으며 폼페이 접근도 거부했다. 하지만 그는 몰래 발굴 현장을 방문하였다. 그리고 폼페이가 도굴꾼과 다름없는 사람들에 의해 마구 파헤쳐지고 있다고 비판했다.

그는 폼페이와 헤르쿨라네움에서 나온 유물들을 처음으로 과학적으로 조사하여 1764년에 『고대 예술사Geschichte der Kunst des Altertums』라는 책으로 편찬하였다. 빙켈만은 폼페이에 대한 학술적 가치를 누구보다도 먼저 깨달은 사람이었다. 그러나 그가 1768년에 독일을 여행할 때 트리에스테에서 자객에게 의문의 죽음을 당했다.

빙켈만 이후에는 나폴리가 프랑스 왕들의 지배를 받던 19세기 초 10년 동안에, 폼페이 유적에 대한 집중적인 발굴이 이루어졌다. 1860년부터는 이탈리아의 고고학자 주세페 피오렐리(Giuseppe Fiorelli :

1823~1896)가 발굴 책임자가 되어 오늘날에도 사용되는 방법으로 발굴을 시작하였다. 피오렐리의 후임자인 루지에르는 1875년부터 중앙 목욕탕을 발굴하였고 600점이 넘는 벽화를 현장에 보존하였다.

20세기 초반까지 폼페이 유적은 70% 정도 발굴되었다. 하지만 발굴이 완전히 끝나지 않은 상태에서 연간 150만 명이 다녀가는 관광지가 되면서 훼손이 심각해졌다.

1980년대에 폼페이 유적을 살리자는 운동이 벌어졌지만, 여전히 관광객의 발길이 끊이지 않고 있다. 한 작가는 그 이유를 다음과 같이 말하고 있다.

"보존 상태가 좋은 공공건물들은 굳이 폼페이가 아니더라도 어느 유적지에서건 만나 볼 수 있다. 폼페이만의 특이한 점은 약동하고 있던 도시가 그대로 굳어 버렸다는 사실이다."

* 1944년 4월 4일 '이탈리아 베수비오 화산 폭발' 참조

2006년 8월 24일

명왕성, 태양계에서 퇴출

① 태양 주위를 돌 것 ② 충분한 질량을 가져 자체 중력으로 유체역학적 평형을 이루는 한편 타원형이 아닌 구형球形을 유지할 것 ③ 공전구역 내에서 지배적 역할을 할 것 등 3가지을 조건을 갖추어야 행성이 될 수 있다.

2006년 8월 24일 태양계의 9번째 행성으로 가장 작은 행성인 명왕성이 행성 반열에서 제외됐다. 국제천문연맹IAU은 2006년 세계 천문학자 2,500여 명이 참석한 가운데 26차 총회를 열고 새로운 행성의 정의를 결의하면서 명왕성을 왜행성으로 분류하였다.

IAU 소행성센터는 명왕성에게 134340번이라는 숫자를 부여하였다. 그래서 명왕성의 공식 명칭은 '소행성 134340 플루토'로 바뀌었다.

플루토는 1930년 미국 로웰 천문대의 클라이드 윌리엄 톰보(Clyde William Tombaugh : 1906~1997)가 태양 주위를 공전하는 것을 발견한 이래 76년 동안 행성으로 분류돼 왔다. 하지만 플루토의 '행성' 논란은 발견과 함께 시작됐다.

플루토의 지름은 2,306km로 태양계에서 가장 작은 행성인 수성의 크기 4,878km 절반에도 안 되고 지구의 위성인 달 크기 3,475km에도 못 미친다. 질량 또한 지구의 500분의 1에 불과하다. 태양 주위를 공전하는 궤도면도 평면궤도를 유지하는 8개 행성과 달리 17.1도 기울어졌다.

특히 플루토는 궤도가 해왕성과 겹치는 데다 제1위성인 카론을 흡수하지 못하고 서로 공전하는 2중 소행성인 것이라는 것이 밝혀져 3번째

조건을 제대로 갖추지 못하여 퇴출당하였다.

1572년 8월 24일

프랑스 파리, 성 바솔로뮤 축일에 대학살 발생

마르틴 루터(Martin Luther : 1483~1546)의 종교개혁이 있은 후 프랑스에서는 칼뱅파 프로테스탄트(신교도)인 위그노Huguenot들이 발생하였다. 이들은 프랑스 인구의 10%가 채 되지 않았지만 상공인층과 부농층이 중심이었기 때문에 그 영향력은 작지 않았다.

하지만 1559년 왕의 외척으로 가톨릭(구교)을 믿는 기즈(Henri de Lorraine Guise : 1550~1588) 공작이 세력을 확대하자 가톨릭 세력은 위그노를 탄압하기 시작하였다.

1562년의 바시Vassy 학살로 시작된 프랑스의 종교 전쟁(위그노 전쟁)은 1572년 8월 24일 성聖 바솔로뮤 축일을 맞아 절정에 달했다. 새벽 종소리를 신호로 시작된 학살로 약 8,000여 명의 위그노가 살해되었다.

위그노 전쟁은 1598년 신앙의 자유를 보장하는 낭트 칙령으로 끝났다.

* 1598년 4월 13일 '프랑스의 앙리 4세, 낭트 칙령에 서명' 참조

8월의
모든 역사

8월 25일

■
·
■

1944년 8월 25일

연합군, 프랑스 파리에 입성하다

"사람들의 감정이 강한 파도가 되어 우리들을 파리 중심부까지 휩쓸어 갔다. 마치 꿈속을 걷고 있는 기분이었다. 수천, 수만 명의 파리 시민들이 나와 '메르시' '메르시'라고 외쳤고, 「라 마르세예즈」를 불렀다. 직접 만든 프랑스와 미국의 국기를 들고 흔들었다."

제2차 세계 대전에 참가한 미군 대위는 파리 탈환의 감격적인 모습을 이렇게 전해 주고 있다.

1944년 6월 6일 노르망디 상륙 작전으로 북프랑스에 성공적으로 도착한 연합군은 여세를 몰아 8월 25일에 파리를 함락하였다. 독일군에 점령된 지 4년 만이었다.

연합군 가운데 가장 먼저 프랑스 제2기갑사단이 파리에 입성하였다. 이날까지도 아직 2만 명의 독일군이 버티고 있어 총소리가 시내 곳곳에서 울렸지만, 연합군의 파리 입성으로 축제는 시작되고 있었다.

이에 앞서 1939년 9월 1일 독일이 폴란드를 침공함으로써 제2차 세계 대전이 시작되었다. 아돌프 히틀러(Adolf Hitler : 1889~1945)는 1940년 5월 스당 근처의 프랑스 방위선을 돌파했다. 6월 10일 프랑스 정부는 투르로 떠나고 파리는 무방비 상태가 되었다. 결국 의회는 괴뢰정부인 비시 프랑스를 수립했다.

그러나 독일 점령하의 프랑스에서는 지하운동인 레지스탕스 운동의 불길이 일었으며, 샤를 드 골(Charles André Joseph Marie de Gaulle : 1890~1970)은 '자유 프랑스'를 조직했다. 자유 프랑스군은 비시 정부에 의해 반군으로 매도되면서도 국내외의 전투에 참가하는 등 독일에 대한 투쟁을 멈추지 않았다.

1944년 8월부터 레지스탕스 단체들을 중심으로 본격적인 프랑스 본토로의 진입 작전이 벌어졌고, 8월 25일 마침내 자유 프랑스군이 파리에 입성했던 것이다.

프랑스 국민들은 국가인 「라 마르세예즈La Marseillaise」를 부르고 거리에는 자유, 평등, 박애를 상징하는 프랑스 삼색기가 휘날렸다.

파리 시민들은 창가에 몸을 내놓고 환호하였다. 어떤 시민은 2층에서 포도주를 끈으로 묶어 지나가는 전차 위에 내려놓았다. 파리의 여인들은 지나는 병사의 얼굴이 빨갛게 부을 정도로 강렬한 키스를 선사했다. 사인을 받으려고 행군하는 군대로 뛰어드는 아가씨들도 있었다.

이튿날 파리 주둔 독일 사령관 폰 콜티츠(Dietrich von Choltitz : 1894~1966)는 항복 문서에 서명했으며, 그해 10월 드 골의 임시정부는 미국 · 영국 · 소련으로부터 정식으로 인정받았다.

* 1940년 6월 18일 '프랑스의 드 골, 자유프랑스군 조직' 참조
* 1944년 6월 6일 '연합군, 노르망디 상륙 작전을 개시하다' 참조

—

1900년 8월 25일

독일 철학자 니체가 사망하다

—

"신은 죽었다."

-프리드리히 니체

프리드리히 니체(Friedrich Wilhelm Nietzsche : 1844~1900)는 1844년 독일 뢰켄에서 태어났다. 목사였던 아버지는 5세 때 숨졌고, 어머니 · 누이와 함께 조부모 집에서 자랐다. 그는 본Bonn 대학에서 신학과 철학을 배우고 문헌학을 공부했다. 이후 라이프치히로 옮겨가 그리스 고전 문헌 공부를 계속하였다.

니체는 1869년 25세의 나이로 스위스 바젤 대학교의 교수가 되어 고전 문헌 강의를 시작했으나 이듬해에 프로이센-프랑스 전쟁에 나가야

했다. 하지만 입대한 지 얼마 되지 않아 두통과 질병에 시달리다 바젤로 돌아왔다.

그리고 1872년 니체는 『비극의 탄생』을 출간하였다. 이 작품을 통해 그는 정신적 고향이던 그리스 고전과 근대를 넘나드는 예술론을 보여주었다. 니체에게 그리스는 우아하면서도 역동적인 삶의 원형인 반면, 근대는 천박하고 더럽혀진 시대였다. 그가 보기에 유럽은 이미 역사적 소명이 끝난 봉건주의와 기독교적 위선의 끈을 놓지 못하고 있었다.

니체는 허무를 극복하고 새로운 사회가 오기를 고대했다. 그는 한물간 도덕 대신 인간 본래의 능력을 극대화한 초인超人이 나타나 인류를 이끌어야 한다고 보았다. 이는 훗날 히틀러의 나치즘에 철학적 발판이 되어 주었다는 비판을 받는 이유가 되기도 했다.

이후 니체는 『인간적인 너무나 인간적인』『차라투스트라는 이렇게 말했다』『선악의 피안』 등 문제작을 연이어 발표하며 주목을 끌었다.

또한 니체는 아버지와 할아버지, 외할아버지가 모두 개신교 목사였지만 기독교를 '노예의 종교'로 신랄히 비판했다. 그는 이미 인류가 '신'으로 표현되는 절대자에 의존하던 시기는 지났다고 선언했다. 또 누구보다도 서양 근대 합리주의의 한계를 꿰뚫고 있었다.

하지만 니체의 말년은 우울했다. 그는 35세 때에 건강이 악화돼 급기야 학교를 떠나 요양 생활에 들어갔다. 1889년 1월 이탈리아 토리노에서 정신병원에 들어간 니체는 인생의 마지막 10년을 병적인 상태에서 보냈다.

결국 니체는 1900년 8월 25일 바이마르에서 사망하였다.

1958년 8월 25일

일본의 안도 모모후쿠, 최초로 인스턴트 라면 개발

안도 모모후쿠(安藤百福 : 1910~2007)는 1910년 타이완에서 태어났다.

1932년에 일본으로 건너 온 그는 1948년 닛신 식품을 설립하였다. 제2차 세계 대전 후 극심한 식량난에 시달리던 일본을 위해 라면을 개발하기 위해서였다. 하지만 인스턴트 라면 개발은 쉽지 않았다. 결국 그의 사업은 부도 직전까지 가게 되었다.

그러던 1958년 어느 날, 모모후쿠는 술을 들이키며 주방장이 일하는 모습을 멍하니 바라보았다. 그러다가 그의 눈이 갑자기 번쩍 뜨였다.

밀가루 반죽을 묻힌 생선을 끓는 기름에 넣는 순간 밀가루 속에 있던 수분이 순간적으로 빠져나오고 밀가루 반죽에 작은 구멍이 무수히 생기는 것이었다. 그는 '그렇다면 국수를 기름에 튀겨 건조시킨 뒤 뜨거운 물을 부으면 원래 상태로 풀어지겠구나.'라는 생각을 하였다.

그는 연구실로 달려가 실험을 거듭하였다. 그리고 마침내 1958년 8월 25일 전 세계인의 식생활에 엄청난 변화를 가져다 준 인스턴트 라면이 시판됐다. 보관성이 우수하고 쉽게 조리해 먹을 수 있는 저렴한 식품의 대명사인 라면은 이렇게 등장했다.

안도가 처음 개발한 라면은 치킨라면으로 지금의 인스턴트 라면과 달리 수프가 아닌 면 자체가 맛이 나도록 개발됐다.

이후 인스턴트 라면은 꾸준히 소비량이 늘어나며 세계인들의 식품으로 성장했다. 하지만 칼로리가 높다는 점, 비타민·무기질·식이섬유 등이 부족하다는 점, 인공조미료·산화방지제 등 화학첨가물이 포함돼 있는 점 때문에 유해성 논란이 끊이지 않고 있다.

　모모후쿠는 1999년에 자신의 업적을 기념하기 위해 이케다 시에 라면 박물관을 설립하였고, 2007년 1월 심장마비로 사망하였다.

——

1828년 8월 25일

남미의 우루과이, 스페인으로부터 독립

——

우루과이는 남아메리카 남동부, 브라질과 아르헨티나 사이에 있는 나라이다.

　1726년 스페인이 몬테비데오를 건설한 이후 스페인은 포르투갈과 우루과이 지배를 둘러싸고 대립하였다. 하지만 1777년에 포르투갈은 스페인의 지배를 인정하였다.

　19세기에 라틴아메리카의 독립 운동이 급격히 일어나면서, 호세 헤르바시오 아르티가스(José Gervacio Artigas : 1764~1850)가 1810년에 스페인의 식민 지배에 대항하여 독립 운동을 일으켰다.

　1822년 브라질 독립과 함께 브라질 영토에 포함되었으나, 아르헨티나의 지원을 받아 1828년 8월 25일 독립을 선언하였다.

　남아메리카에서 수리남에 이어 두 번째로 작은 나라지만 제1회 월드컵을 유치할 만큼 축구 강국으로 알려져 있다.

　* 1930년 7월 13일 '제1회 월드컵을 우루과이에서 개최하다' 참조

8월의
모든 역사

8월 26일

■
∙
∙
■

1789년 8월 26일

프랑스 인권 선언문을 발표하다

국민의회로 모인 프랑스 민중의 대표들은 무지, 나태, 인간 권리에 대한 경멸이 정부의 부패와 사회의 공적인 재난의 유일한 원인임을 깨닫고 엄숙한 선언을 통해 (……) 자연적이고 양도할 수 없는 신성한 인간의 권리를 발표하기로 결정하였다.

-프랑스 인권 선언 전문前文

프랑스 대혁명은 1789년 7월 14일 파리 시민들이 바스티유 감옥을 습격하면서 시작되었다. 이 소식은 파리뿐만 아니라 프랑스 전 지역으로 퍼졌으며, 농민들은 영주가 보관하고 있던 장원문서를 불태우고 성곽을 약탈하였다. 혁명의 거친 폭풍이 몰아치면서 국민의회 의원들은 격한 감정에 휩싸여 봉건 특권의 폐지를 요구하였다.

귀족들과 성직자들도 여기에 찬성하고 '앙시앙 레짐Ancien regime의 사망 문서'라는 인권 선언문 발표를 준비하기에 이르렀다. 앙시앙 레짐은 프랑스 혁명 이전의 구舊 체제를 일컫는 말이었다.

국민의회는 8월 12일 공식적인 인권 선언문 작성을 위한 작업에 들어갔다. 각 분과 위원회로부터 초안을 제출하도록 하였고, 그중 제6분과 위원회의 초안이 채택되었다.

8월 20일부터 26일까지 쉴 새 없이 토의한 결과 거의 의견이 합의되었다. 다만 형식이 크게 수정되었는데, 24개조였던 최종안이 17개조로 간결하게 작성되었다. 그리고 보충적인 사항은 인권선언의 요약과 함께 전문前文에 포함시켰다. 「인간과 시민의 권리 선언」, 즉 프랑스 인권 선언문의 제1조는 다음과 같다.

인간은 자유롭고 평등하게 태어나서 생활할 권리를 가진다. 사회적 차별은 공공복리를 위해서만 있을 수 있다.

특히 제1조의 첫 구절은 프랑스 혁명의 업적을 요약한 것으로 인권선언의 나머지 조항은 이 구절을 설명하기 위한 것에 지나지 않는다고 할 수 있다.

모든 정치적 결사의 목적은 인간의 자연적이며 시효에 의하여 소멸할 수
없는 권리들을 보전함에 있다. 이 권리들이란 자유, 재산, 안전 및 압제에
대한 저항이다.

위의 제2조는 장 자크 루소(Jean-Jacques Rousseau : 1712~1778)에 의
해 프랑스에서 일반화된 사회계약설을 채택한 것으로 볼 수 있다. 제3
조에서는 국민주권의 원리를 기술하였다.

모든 주권의 근원은 본질적으로 국민에게 있다. 어떤 단체나 개인도 명백
히 국민으로부터 나오지 않는 권력을 행사할 수 없다.

정치가인 무니에(Jean-Joseph Mounier : 1758~1806)에 따르면 정부는
"통치자를 위해서가 아니라 통치를 받는 피치자를 위해서 설립된 것"

프랑스 인권 선언문

으로, 모든 권위는 국민으로부터
나오며 국민의 통제를 받아야 한
다고 주장하였다. 이것이 제3조
에 나타난 국민주권의 뜻이다.

자유에 대한 일반적인 규정은
제4조와 제5조에 보인다. 즉 자
유는 남을 해치지 않는 일은 무
엇이든지 할 수 있는 권리로(제4
조), 자유는 법에 의해서만 금지
될 수 있는 것이다(제5조). 그리
고 제7조에서 제9조까지는 개인

의 자유에 관해서 언급하고 있다. 이외에 제10조에서는 사상의 자유를, 제11조에서는 언론 출판의 자유를 언급하고 있다.

한편, 인권 선언문 작성 시에 마련된 평등은 '권리'의 평등을 의미한 것으로 '재산'의 평등을 의미하지 않는다. 그러나 인권 선언에서 평등만을 다룬 조항은 없으며, 다만 제6조에서 모든 사람이 법 앞에서 평등하다고 말하고 있고, 제13조에서는 세금 부담의 평등을 확인하고 있다. 제17조에서는 재산권을 '신성불가침한 권리'로 규정하였다.

프랑스 인권 선언은 자유와 평등, 주권재민, 언론 · 결사의 자유, 소유권의 불가침 등의 내용을 담고 있는 세계 최초의 인권 선언이다. 프랑스 혁명 후 새로 제정될 헌법의 전문前文이 될 예정이었다.

그리고 인권 선언은 추상적이거나 철학적인 것만은 아니었다. 왜냐하면 인권 선언의 각 조항마다 프랑스인들이 겪었던 구체적인 사실들을 담고 있었기 때문이다.

즉 주권이 국민에게 속한다는 것은 프랑스는 왕의 소유물이 아니라는 것을 의미했으며, 법에 의하지 않고 체포되지 않는다는 것은 왕이 내린 명령이 법률에 의하지 않으면 무효라는 것이다.

하지만 프랑스 권리 선언은 순수한 민주주의에 대한 주장이라기보다는 중산층 부르주아의 이익을 대변하는 것이기도 했다는 평가를 받고 있다.

* 1789년 7월 14일 '프랑스 혁명이 일어나다' 참조

1743년 8월 26일

프랑스의 화학자 라부아지에 출생

불에 탈 수 있는 물체가 산소로 둘러싸여 있거나 접촉을 하고 있을 때에만 연소, 즉 화염과 빛의 방출이 일어난다. 다른 종류의 공기나 진공에서는 연소가 일어날 수 없다. 모든 연소에서, 불에 탄 물체의 무게는 증가한다. 이 증가는 흡수된 공기의 무게와 정확히 일치한다.

-라부아지에, 1786년에 『학회지』에 발표한 논문

앙투안 라부아지에(Antoine-Laurent de Lavoisier : 1743~1794)가 산소를 들고 등장하기 이전, 18세기 유럽에서는 물질이 타서 빛과 열을 내는 연소燃燒를 설명하는 이론으로 플로지스톤설phlogiston theory이 유행하고 있었다.

이것은 탈 수 있는 물질이나 금속은 모두 플로지스톤을 내부에 가지고 있으며, 특히 숯 · 황 · 기름 등 연소하기 쉬운 물질은 대부분 플로지스톤으로 이루어져 있다는 것이다. 이 설명에 따르면 연소란 어떤 물질에서 플로지스톤이 빠져나가고 재가 남는 현상이다.

이것은 17세기까지 전해 온 연금술의 직접적인 영향을 받은 것이며, 멀리 4원소설을 주장한 그리스 철학자들의 '불'과도 일치하는 것이다.

라부아지에는 전통적인 플로지스톤설을 뒤엎고 오늘날의 화학을 일으킨 주인공이다. 라부아지에는 1743년 8월 26일 프랑스 파리에서 태어났다. 그는 파리 대학교를 졸업하고 25세인 1768년에 파리 과학아카데미 회원이 되어 천재적인 재능을 발휘하였다.

1772년 라부아지에는 하나의 실험을 했다. 그는 지름 1.2m, 두께 15cm의 거대한 렌즈로 햇빛을 모아 다이아몬드를 가열하면 다이아몬드가 탄다는 사실을 밝혀냈다. 또 그해 말에 황이 탈 때 무게를 잃는 것이 아니라 얻는다는 사실을 확인하였다. 이것은 공기 중에 '어떤 것'이 불타는 물질과 결합하였기 때문이었다.

라부아지에의 실험에 결정적인 도움을 준 사람은 1774년에 산소를 발견한 영국의 화학자 조지프 프리스틀리(Joseph Priestley : 1733~1804)였다. 그는 1771년 질산염을 가열하여 불순한 산소를 얻었지만 이것을 일산화질소라고 이해했다. 1774년에는 산화수은을 가열하여 역시 산소를 얻었지만 역시 일산화질소라고 이해했다.

프리스틀리 역시 플로지스톤설을 굳게 믿고 있었기 때문에 위대한 화학적 발견을 해 놓고도 그 중요성을 이해하지 못한 것이었다. 다만 1775년에 그가 일산화질소라고 한 공기를 '탈플로지스톤 공기'라고 이해했을 뿐이었다.

프리스틀리는 유럽 여행을 하던 1774년 10월에 라부아지에를 방문하였다. 그는 라부아지에에게 자기 실험의 결과를 말해 주었고, 라부아지에는 연소 현상에 대해 큰 영감을 얻었다. 프리스틀리 자신은 몰랐지만 그는 라부아지에에게 너무나 엄청난 선물을 준 것이었다.

라부아지에는 곧 실험에 착수하여 1775년 5월에 결과를 발표하였다. 그는 논문에서 금속회를 만드는 하소煆燒 과정에서 금속에 결합하는 원리는 공기에서 오고, 그것은 프리스틀리가 발견한 '새로운 공기'라는 것을 밝혀냈다.

1779년에는 그 '새로운 공기'에 산소oxygen라는 이름을 붙였다. 그리고 1786년 아카데미 『학회지』에 자기의 이론을 정리하여 논문을 발표하였다. 플로지스톤설은 더 이상 화학자들에게 언급되지 않았다.

라부아지에를 화학 혁명을 일으킨 사람으로 평가하는 이유는 1789년에 편찬한 『화학요론』에서도 찾아 볼 수 있다. 이 책은 화학이 학문적으로 독립하는 데 초석이 되었으며, 영국의 물리학자 아이작 뉴턴(Isaac Newton : 1643~1727)의 『자연철학의 수학적 원리』에 버금가는 평가를 받았다.

라부아지에는 이 책에서 그가 사용한 장비와 실험 기법 등을 폭넓게 다루었다. 또한 '질량보존의 법칙'을 분명하게 정의했으며 최초의 원소표를 만들어 후대 주기율표에 아이디어를 제공했다.

화합물들의 논리적인 명명법을 최초로 정립한 사람도 라부아지에였다. 예를 들면 황화납이라는 이름에서 그 중요성을 알 수 있다. 황화납의 예전 이름은 갈레나galena이다. 그런데 '갈레나'라는 이름에서는 화학적 의미를 찾기 힘들다. 라부아지에는 이를 황화납으로 이름을 바꾸어 이 물질이 황과 납의 화학작용에 의해 만들어졌다는 사실을 추측하게 하였다.

이외에도 라부아지에는 원소에 대한 정의를 내리고 앞으로의 과제를 제시하는 등 화학 혁명을 이끌었다. 하지만 라부아지에는 프랑스 혁명 중에 징세 청부인으로 고발되어 1794년 단두대에서 삶을 마감하였다.

* 1687년 7월 5일 '아이작 뉴턴 『자연철학의 수학적 원리』 출간' 참조
* 1733년 3월 13일 '산소를 발견한 영국 화학자 조지프 프리스틀리 태어나다' 참조

1883년 8월 26일

인도네시아 크라카토아 화산 대폭발

인도네시아 자바 섬과 수마트라 섬 사이의 순다 해협에는 크라카토아 섬이 있었다. 이 섬은 몇 차례의 화산 폭발로 생긴 섬들이 합쳐진 것이었다. 그래서 이미 오랫동안 몇 차례 폭발이 있었다.

1883년 5월 20일 크라카토아 섬에서 1차 폭발이 있었다. 화산 폭발로 인해 오스트레일리아에서 지진이 발생했다. 이후 계속 작은 폭발이 이어지다가 8월 26일에 대폭발을 일으켰다. 이 폭발은 근세 역사상 최대 규모의 화산 폭발로, 1945년에 히로시마에 투하된 원자폭탄과 비슷한 폭발력을 지녔다.

이 대폭발은 다음 날인 8월 27일까지 계속되었고, 8월 28일에 가서야 겨우 잠잠해졌다. 피해도 엄청나 해발 800m의 바위산과 암석 섬이 없어져 섬 전체의 2/3가 없어지고 중앙부는 함몰했다.

인명 피해도 막대했다. 화산 폭발의 영향으로 일어난 해일 등으로 3만 6,000여 명이 죽었고, 수마트라 섬과 자바 섬의 마을 165개가 폐허가 되었다.

또한 화산이 폭발하면서 뿜어낸 각종 분출물이 성층권을 타고 퍼지면서 지구 기후에도 심각한 영향을 미쳐 지구 평균 기온을 섭씨 1.2도나 낮추었다. 그 영향으로 대규모 흉작이 발생했다.

1927년에는 다시 화산이 폭발하여 '크라카토아의 아들Anak Krakatau'이란 의미의 작은 섬이 생겼다.

2012년 현재도 크라카토아 화산은 활화산으로 전 세계 과학자들의 주목을 받고 있다.

1957년 8월 26일

소련, 대륙 간 탄도미사일 실험에 성공

대륙 간 탄도미사일(ICBM : Intercontinental Ballistic Missile)은 지상 기지에서 발사되는 사정거리 6,400km 이상의 로켓 엔진으로 추진되는 탄도미사일이다.

ICBM은 3단식 로켓 T3형으로 전체 길이가 33m, 전체 중량이 약 120t에 이른다. 핵탄두를 장착할 수 있으며 대부분은 관성 유도 방식에 의해 날아간다.

1957년 8월 26일 소련은 유럽러시아와 중앙아시아의 접경 지대로부터 시베리아 북동부의 무인 지대를 향해 ICBM을 발사하였다. 미사일은 초속 5.6km, 최고속도 1,000km의 거리를 날아서 시베리아 북동부에 근접한 해면에 떨어졌다. 이후 소련은 SS 6 · SS 7 · SS 8 · SS 24 등의 ICBM을 차례로 개발하였다.

한편 미국은 그해 12월 7일 플로리다 주 케이프커내버럴 공군 실험 센터에서 ICBM 실험에 성공하였다.

8월의
모든 역사

8월 27일

■
■
■

1979년 8월 27일

아일랜드 공화국에서 폭탄 테러가 발생하다

2012년 6월 영국의 엘리자베스 여왕은 북아일랜드의 벨파스트 리릭 극장에서 전前 아일랜드 공화국군IRA 사령관이었던 마틴 맥기니스와 악수를 나눴다. 이것은 피로 얼룩진 영국과 북아일랜드의 과거사를 마감한다는 상징적인 의미를 갖는 것이었다.

기원전 5세기경, 켈트족은 아일랜드로 건너와 국가를 세웠다. 하지만 8세기부터 11세기 초까지 바이킹족에게 침략당하면서 그들은 세력이 약해졌다. 그리고 1127년에는 헨리 2세(Henry Ⅱ : 1133~1189)가 이끄는 잉글랜드군에 침략당했다.

잉글랜드는 앵글로색슨족이 세운 나라였다. 그들은 아일랜드의 수도 더블린을 함락시켰고, 이후 아일랜드는 약 800여 년간 잉글랜드의 식민지 통치를 받았다.

한편 1509년 4월에 잉글랜드 국왕에 즉위한 헨리 8세(Henry Ⅷ : 1491~1547)는 궁녀 앤 불린(Anne Boleyn : 1504?~1536)과 결혼하기 위해 아내인 캐서린(Catherine of Aragon : 1485~1536)과의 결혼이 무효임을 선언해 달라고 로마 교황인 클레멘스 7세(Clemens Ⅶ : 1478~1534)에게 부탁하였다.

하지만 교황은 이를 거절하였다. 그럼에도 불구하고 헨리 8세는 이혼을 강행하여 파문을 당했다. 그러자 그는 로마 가톨릭에서 벗어나 영국 국교회를 성립시켰다. 그리고 그는 잉글랜드 내의 가톨릭을 금지하고 성공회를 강요하기 시작했다.

이 강요의 불똥은 아일랜드에도 튀었다. 헨리 8세는 17만여 명의 잉글랜드와 스코틀랜드 성공회 신자들을 북아일랜드로 이주시켰다. 헨리 8세는 아일랜드 사람들을 성공회 신자로 만들려고 한 것이다.

하지만 이미 5세기에 성 패트릭(Saint Patrick : 385~461)이 아일랜드에 가톨릭을 전파했기 때문에 아일랜드인들 대부분은 가톨릭교도였다. 이때부터 잉글랜드의 성공회교도와 아일랜드의 가톨릭교도 간 싸움이 시작되었다.

1916년 4월 아일랜드는 부활절 봉기를 일으켜 독립 운동을 전개하였다. 그리고 33년이 지난 1949년 4월 18일, 아일랜드 자유국 26주는 영국 연방으로부터 독립함으로써 아일랜드 공화국이 정식으로 탄생하였다.

하지만 북아일랜드는 계속 영국령으로 남게 되었다. 이에 반발한 구교도의 북아일랜드인들은 아일랜드 공화국군IRA을 결성하여 30년 넘게 무장 독립 투쟁을 벌였다. 이들은 투쟁 과정에서 여러 번 폭탄 테러를 시도했다.

1979년 8월 27일에는 엘리자베스 여왕의 사촌인 루이스 마운트배튼 (Louis Mountbatten : 1900~1979) 경이 IRA가 요트에 설치한 폭탄 테러로 목숨을 잃었다. 1989년 9월에는 켄트 주에서 왕실 해병 음악 학교 악사 40여 명이 사망했으며, 1991년 2월에는 수상 관저가 있는 다우닝 가 10번지에 박격 포탄이 떨어졌다. 같은 달 18일에도 런던 빅토리아역에서 폭탄이 터져 1명이 죽고 40여 명이 부상을 당하였다. IRA의 폭탄 테러로 총 3,500명이 넘는 사람들이 숨졌다.

이후 1998년 북아일랜드의 자치권 보장과 IRA의 무장 해제를 핵심으로 하는 북아일랜드 평화협정이 체결되었다. 그에 따라 잉글랜드와 북아일랜드 간의 갈등은 일단 잠잠해진 상태이다.

* 1509년 4월 22일 '헨리 8세, 잉글랜드 국왕에 오르다' 참조
* 1533년 7월 11일 '교황, 영국의 헨리 8세 파문' 참조
* 1916년 4월 24일 '아일랜드 시민군, 부활절 봉기' 참조
* 1949년 4월 18일 '아일랜드 공화국, 영국 연방에서 독립' 참조
* 1981년 5월 5일 '아일랜드공화국군 보비 샌즈, 옥중에서 단식 투쟁 중 사망하다' 참조

1770년 8월 27일

독일의 철학자 헤겔이 태어나다

독일의 철학자 게오르크 빌헬름 프리드리히 헤겔(Georg Wilhelm Friedrich Hegel : 1770~1831)은 1770년 8월 27일 독일 뷸렘베르크 공국의 수도인 슈투트가르트에서 태어났다. 헤겔의 아버지는 공무원이었으며, 소박하고 경건한 프로테스탄트 가정에서 자라났다.

헤겔은 1788년 튀빙겐 대학교 신학과에 입학하였다. 헤겔은 1807년 『정신현상학』을 발표하는데, 이 논문에서 스피노자(Baruch de Spinoza : 1632~1677), 임마누엘 칸트(Immanuel Kant : 1724~1804), 피히테(Johann Gottlieb Fichte : 1762~1814)의 철학을 통렬하게 비판하였다.

헤겔의 중요한 저서로는 『정신현상학』 이외에도 『논리학』 『철학체계』 『법철학강요』가 있으며, 『정신현상학』을 제외하곤 나머지는 결혼 후에 간행하였다. 그리고 『역사철학』 『종교철학』 『미학』 등은 그가 죽은 뒤에 제자들이 강의록을 모아 편찬한 것이다.

헤겔은 베를린 대학교 시절에 많은 제자와 추종자들이 생겼고, 헤겔학파가 만들어져 그의 사상은 전 유럽으로 퍼져나갔다.

독일의 관념론은 칸트로부터 시작한다. 칸트는 경험을 강조하는 영국의 경험론과 이성을 강조하는 대륙의 합리론을 조화시켜 근대 비판철학을 일으켰다.

칸트에 이어 피히테와 셸링에 이르러 절대자의 개념으로까지 발전한 관념론을 헤겔이 완성하였다. 헤겔 철학의 핵심은 합목적적진화合目的的進化의 관념이다. 그는 역사를 발전하는 것으로 이해하였다.

즉 사회나 정치제도들이 성장을 거듭하여 성숙한 단계에 이르러 목적을 달성하면 새로운 제도들에게 자리를 물려준다는 것이다. 그렇다고 낡은 것이 새로운 것으로 완전히 바뀌는 것은 아니다.

이러한 변화는 변증법적으로 발전하는 과정, 즉 명제(正)와 반명제(反) 사이에 충돌이 일어나 명제와 반명제를 융화시킨 합(合)명제를 만드는 과정을 띠고 있기 때문이다. 그리고 이러한 과정은 신神이나 보편이성이 이끈다고 보았다.

그러나 헤겔의 변증법적 역사 발전 이론은 국가를 개인보다 우선하였기 때문에, 내셔널리즘nationalism과 파시즘 형성에도 영향을 끼쳤다.

1910년 8월 27일

마더 테레사 출생

"하느님은 수녀에게 책을 얼마나 읽었는가, 얼마나 많은 기적을 행했는가를 묻지 않습니다. 그 대신 작은 일이라도 하느님에 대한 사랑으로 최선을 다했는지 물으실 것입니다."

-마더 테레사

'가난한 사람들의 성녀'로 존경받았던 마더 테레사(Mother Teresa : 1910~1997)는 1910년 8월 27일 마케도니아에서 태어났다. 본명은 아그네스 곤자 보야지우Anjezé Gonxhe Bojaxhiu이다.

그녀는 1928년 아일랜드의 로레토 성모 수녀회에 들어간 뒤 이듬해에 인도로 건너갔다. 그리고 수련기를 거친 후 성 마리아 학교에서 지리와 역사 교사가 되었고 얼마 지나 교장이 되었다.

그런데 1946년 9월 10일 '영감의 날'이라고 부른 이날, 가난한 이를 위하여 봉사하라는 하느님의 부르심을 받았다. 그녀는 수도회를 떠나 1948년에 인도 국적을 얻어 캘커타의 빈민가에서 활동을 시작하였다.

1950년에는 '사랑의 선교회'를 설립하여 빈민, 고아, 나병환자, 죽어 가는 사람들을 보살폈다. 그리고 세계 곳곳에 분원을 설치하여 가난으로 고통받는 사람들을 돌보았다. 마침내 희생적인 활동은 전 세계에 알려져 1979년에 노벨평화상을 받았다.

마더 테레사는 죽기 전까지 심장병과 말라리아에 걸려 고생하면서도 자선 활동을 멈추지 않았다. 그녀가 하늘로 가는 마지막 날 쓴 글은 다음과 같다.

"우리 성모 마리아는 천사의 메시지에 '예' 하고 달려 나가 사촌 엘리사벳을 섬겼습니다. 우리의 삶도 마찬가지입니다. 예수님께 '예' 하고 달려 나가 가난한 사람들 속에 계신 예수님을 섬겨야 합니다."

* 1997년 3월 13일 '인도의 니르말라 수녀, 테레사의 뒤를 이어 수녀원장으로 지명' 참조
* 1997년 9월 5일 '테레사 수녀, 생을 마감하다' 참조

1928년 8월 27일

미국 · 독일 · 소련 등 15개국,
켈로그-브리앙 조약 체결

1928년 8월 27일 미국 · 독일 · 소련 등 15개국이 프랑스 파리에 모여 '켈로그-브리앙 조약'에 조인하였다. 일명 '부전조약不戰條約'으로도 불리는 이 조약은 국제 분쟁 해결의 수단으로 전쟁을 일으키지 말자는 국가 간의 약속이었다.

이에 앞서 제1차 세계 대전이 끝난 후, 세계 각국은 전쟁 재발을 방지하고 전쟁의 참화로부터 인류를 보호할 목적으로 1920년 국제연맹을 창설하였다. 하지만 정작 창설을 주도했던 미국이 가입하지 않아 무력해 보였다. 이어 1927년에 열린 제네바 해군 군축 회담도 별 성과가 없었다.

이에 독일의 재침을 우려한 프랑스 외무장관 아리스티드 브리앙(Aristide Briand : 1862~1932)은 미국에게 전쟁 방지를 위한 양국 간 협정을 제안하였다.

그러자 프랭크 켈로그(Frank Billings Kellogg : 1856~1937) 미 국무장관은 이 협정을 다자간 협정으로 확대하자고 수정 제안하였다. 그래서 탄생한 것이 켈로그-브리앙 조약이었다. 1939년까지 63개국이 이 조약에 가입하였다.

하지만 조약 위반국에 대한 제재 규정을 두지 않았다. 이 때문에 조약 당사국인 독일과 일본은 10년도 채 지나지 않아 조약을 깨뜨리고 전쟁을 일으켰다.

이후 켈로그-브리앙 조약은 국제법상 효력을 상실하였다.

8월의
모든 역사

8월 28일

.
.
.

1749년 8월 28일

독일의 문호 괴테가 태어나다

"괴테를 생각한다고? 그러기 위해 특별한 날이 필요한가? 우리의
정신, 우리의 가슴을 이미 마력 같은 힘으로 휘어잡았는데 말이다.
우리 시대의 남자들과 여자들은 그로부터 얼마나 사랑을 배웠던
가! 그가 우릴 위해 세상을 신성하게 하지 않았다면 세상은 얼마나
초라한 모습이겠는가?"

　　－오스트리아의 시인 호프만스탈, 1899년 괴테 기념 축제 기념사

1749년 8월 28일 독일의 대大문호 요한 볼프강 폰 괴테(Johann Wolfgang von Goethe : 1749~1832)가 태어났다. 괴테의 아버지는 프랑크푸르트 암 마인의 법률가였고, 어머니는 프랑크푸르트 시장의 딸이었다.

부유한 집안에서 태어난 덕분에 괴테는 당시 대부분 귀족 집안이 그렇듯이 가정교사 밑에서 공부했다. 괴테는 9세 때에 프랑스어, 영어, 이탈리아어, 히브리어를 배웠고, 10세에는 이솝, 베르길리우스, 오비디우스의 작품을 읽었다.

괴테는 21세 때인 1770년에 스트라스부르 대학교에서 법학을 공부하였다. 거기에서 문예 운동, 이른바 질풍노도라 불리는 '슈투름 운트 드랑Sturm und Drang'을 이끈 사상가 요한 헤르더(Johann Gottfried Herder : 1744~1803)를 알게 되었다.

자유분방한 성격의 헤르더는 괴테에게 인간의 가장 깊은 곳에서 나오는 문학의 감동을 알려 주었다. 괴테는 헤르더를 통해 호메로스, 셰익스피어의 작품에서 느낄 수 있는 근원적이고 소박한 문학에 눈을 뜰 수 있었다.

이를 바탕으로 괴테는 1744년『젊은 베르테르의 슬픔』을 썼다. 그래서『젊은 베르테르의 슬픔』은 괴테의 대표작일 뿐만 아니라 '슈투름 운트 드랑'의 최고작이라고 할 수 있다.

이 작품은 약혼자가 있던 샬로테 부프와의 실연을 바탕으로 14주 만에 쓴 것으로, 출판되자마자 엄청난 반응을 일으켰다. 초판이 모두 팔려 다시 인쇄에 들어간 것은 물론이며, 그의 글을 모방한 작품이 시중에 나오기도 했다.

또한 실연당한 남자들이 베르테르처럼 자살하기도 하였고 노랑 조끼

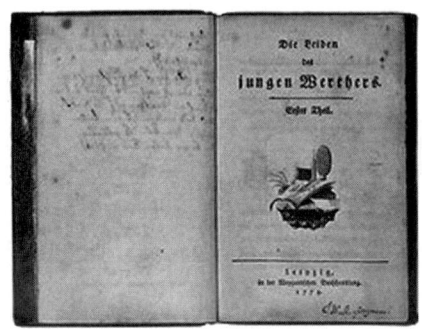

『젊은 베르테르의 슬픔』

에 파랑색 상의를 입고 다니기도 했다. 여자들은 로테처럼 뜨거운 사랑을 원했다. 25세에 불과한 괴테는 어느새 독일의 유명 작가가 되었다. 『젊은 베르테르의 슬픔』을 쓰던 질풍노도 시기는 괴테가 가장 풍부한 문학적 열정에 빠져 있던 시기였다.

"나의 재능은 몇 년 전부터 한순간도 떠나지 않았다. 내가 낮에 깨어 있을 때 느꼈던 것이 종종 밤에 꿈으로 나타났다."

괴테는 많은 여인과 사랑을 하고 이별을 한 것으로 널리 알려져 있는데, 사랑과 이별의 순간에도 괴테의 손은 멈추지 않았다. 공식적으로 괴테가 사랑을 느낀 여인은 9명인데, 마지막 사랑은 1823년에 다가왔다.

손자를 둔 74세의 할아버지였던 괴테는 마리엔바트의 온천지로 여행을 갔다. 그곳에서 괴테는 그가 묵었던 집주인의 손녀에게 사랑을 고백하였다. 그녀의 이름은 울리케 레베초였으며 당시 19세였다.

괴테는 또 한 번 열정적인 상태에 빠져들었고, 바이마르 국왕에게 중매를 서달라고 부탁까지 하였다. 하지만 울리케의 어머니가 심하게 반대하였고 울리케 역시 주저하였다. 결국 괴테는 사랑에 실패하였고 그 슬픔을 「마리엔바트의 비가」라는 시로 남겼다.

그녀의 앞에선 태양의 햇살 앞에서처럼,

그녀의 숨결에선 봄바람처럼 녹아 버리는 아집.

겨울 동굴 깊은 곳에서 오랫동안 단단히 굳어져 버렸던 아집,

어떤 욕심도 어떤 고집도 오래가지 못하고,

그녀가 오면 모두 놀라 달아난다.

괴테의 많은 작품 중에서 독일의 전설에 바탕하여 쓴 『파우스트』는 특이하다. 이 작품은 그가 스트라스부르 대학교를 다닐 때부터 구상한 것으로 죽기 1년 전인 1831년 7월에서야 모두 완성되었다.

괴테는 『파우스트』를 통해 정신에 대한 구속을 거부하는 자신의 문학적 기질을 유감없이 표현하였다.

괴테는 1832년 3월 22일 83세를 일기로 사망하였다.

1963년 8월 28일

흑인 공민권 운동인 워싱턴 평화 대행진이 열리다

흑인 인권 운동가이자 목사인 마틴 루터 킹(Martin Luther King Jr. : 1929~1968)은 1963년 8월 28일 링컨 기념일을 맞아 거행된 워싱턴 평화 대행진에서 "나에게는 꿈이 있습니다 have a dream"로 시작하는 유명한 연설을 하였다.

이날 수도 워싱턴 기념탑 광장에는 20만 명에 이르는 사람들이 모여 흑인도 인간으로서 자유와 평등을 완전히 누려야 한다고 주장하였다. 이들 참석자들의 손에는 '인종 차별 철폐' '일과 자유를 달라'는 플래카

드가 들려 있었다.

시위는 킹 목사가 존 케네디(John Fitzgerald Kennedy : 1917~1963) 대통령을 만나면서 절정에 이르렀다. 케네디는 고용 차별 정책을 폐지하겠다고 약속하였고, 이듬해인 1964년 공공장소에서의 인종 차별과 고용 차별을 금지하는 민권법이 통과되었다.

워싱턴 평화 대행진은 흑인 인권 운동의 분수령이 되었고, 이 공로를 인정받아 킹 목사는 35세의 젊은 나이에 노벨 평화상을 받았다.

하지만 루터 킹은 1968년 4월 4일 테네시 주 멤피스에서 백인 제임스 얼 레이(James Earl Ray : 1928~1998)의 총에 맞아 피살됐다.

* 1968년 4월 4일 '미국 흑인 인권 운동가 마틴 루터 킹 목사가 피살되다'
  참조

—

1999년 8월 28일

러시아 유인 우주 정거장 미르호,
13년 만에 공식 활동 종료

—

1999년 8월 28일, 러시아 유인 우주 정거장 미르호에 머물던 러시아인 빅토르 아파나시예프, 세르게이 아브데예프, 프랑스인 장 피에르 에네르 등 승무원 3명이 '소유즈 TM 29'를 타고 지구에 무사히 귀환하였다. 이로써 미르호의 공식 활동은 사실상 마감되었다.

이에 앞서 1986년 2월 20일 미국과 우주 사업 경쟁을 벌이던 소련은 3년 예정으로 '평화' '세계'라는 의미를 가진 유인 우주 정거장 미르호를 쏘아 올렸다.

미르는 이후 13년 동안 지구 궤도를 7만 7,000바퀴 돌았고, 무중력 상태의 인체 연구 등 1만 6,500건의 실험을 수행했다. 또 외국 우주인 62명 등 103명의 우주인이 미르를 거쳐 갔으며, 단일 최장 우주 체류(737일)와 우주 유영(82시간 21분) 등의 기록을 남겼다.

또한 미르호에는 각국 우주비행사뿐만 아니라 민간인도 다녀갔다. 27개국에 설치한 수많은 장비를 통해 이뤄진 우주 공간에서의 과학적 실험은 2만 3,000여 건이나 됐다.

이후 미르호는 2001년 3월 23일 대기권에 들어오면서 대부분 불타 없어졌으나 30~40t으로 추정되는 1,500여 개의 파편은 살아남아 남태평양 해저에 떨어져 수장됐다.

* 1986년 2월 20일 '러시아, 우주 정거장 미르호 발사' 참조

8월의
모든 역사

8월 29일

.
.
.

1949년 8월 29일

소련, 미국에 이어 원자폭탄 실험에 성공하다

소련이 원자폭탄을 개발할 수 있었던 것은 원자폭탄에 대한 정보를 빼돌린 한 사람이 있었기 때문이었다. 그는 바로 하버드 대학교를 졸업한 18세의 천재 물리학자 테오도르 홀이었다. 그는 플루토늄의 제조법과 원자폭탄 패트맨의 상세한 설계도를 소련에 넘겼다. "앨라모고도에서 원자폭탄의 파괴력을 알게 된 순간 나는 스스로에게 물었다. '미국이 원폭을 독점한다면 대체 어떤 일이 일어날까.' 나에게는 신념이 있었다. 핵전쟁의 공포를 각국의 지도자들이 공유한다면 그들이 제정신을 차려 평화가 올 것이라고 믿었다." 나중에 그는 NHK와의 인터뷰에서 이와 같이 말했다.

미국은 1945년 7월 16일 사상 첫 원자폭탄 실험에 성공하고 곧바로 이를 실전에 사용해 세계를 전율시켰다. 이후 미국은 약 4년 동안 세계 유일의 핵무기 보유국으로 군림하였다. 그래서 해리 트루먼(Harry Shippe Truman : 1884~1972) 대통령은 소련에 대해 고자세를 유지할 수 있었다.

미국이 원자폭탄 개발에 나섰다는 첩보를 들은 소련은 이미 1943년부터 소규모 원자폭탄 개발을 시작했다. 그리고 미국보다 4년 늦은 1949년 8월 29일 소련은 카자흐스탄의 사막에서 비밀리에 핵실험을 하였다.

결과는 대★성공이었다. 포연으로 덮힌 사막에는 폭발 효과를 실험하기 위해 사용된 건물과 무기의 잔해, 실험 동물의 시체가 널브러져 있었다.

그리고 9월 3일 미국 공군의 장거리 정찰기가 캄차카반도 동쪽의 북태평양 상공에서 다량의 방사능을 감지함으로써 소련의 핵실험이 서방에 알려지기 시작했다.

이 사실을 보고받은 트루먼 대통령은 "최근 수주일 동안 소련에서 핵폭발이 일어난 증거를 갖고 있다."고 발표하였다. 이에 침묵을 지키고 있던 소련은 비로소 원자폭탄 보유 사실을 9월 25일 공식적으로 인정했다.

이로 인해 미국의 원자폭탄 독점 시대는 끝났으며, 미국과 소련의 핵무기 경쟁이 시작됐다. 소련의 핵개발은 공산정권들에는 큰 힘이 되는 소식이었지만, 1947년 마셜 플랜 이후 경제 복구와 부흥에 박차를 가하고 있었던 서유럽 국가들에는 큰 위협이었다.

미국은 소련이 수소 폭탄을 개발할 것이라는 예상을 하고 수소폭탄 개발을 위한 연구에 착수했으며, 소련은 연방 해체 때까지 467회의 핵실험을 했다.

이후 핵무기는 빠르게 전 세계로 확산됐다. 미국·소련에 이어 영국·프랑스·중국이 잇달아 핵실험을 성공시키고 '핵 클럽'에 가입했다. 또 '제도권' 밖에 있는 인도·파키스탄 등도 핵을 보유하게 됐다. 이스라엘 역시 핵실험은 하지 않았지만 사실상의 핵보유국으로 분류되고 있다.

이 같은 '수평적 확산' 외에도 더 강력한 핵무기를 가지려는 핵보유국 간 경쟁으로 인한 '수직적 확산'도 빠르게 이뤄졌다. 동서 진영의 경쟁적 핵개발로 누가 먼저 전쟁을 일으키든 결국은 공멸할 수밖에 없는 상황이 만들어졌다.

이 때문에 전쟁이 일어나지 않는, 이른바 '공포의 균형'이 냉전시대 내내 이어졌다.

* 1945년 7월 16일 '미국, 원자폭탄 실험에 성공하다' 참조
* 1974년 5월 18일 '인도, 지하 핵실험 성공' 참조
* 1998년 5월 28일 '파키스탄, 지하 핵실험 성공' 참조

1842년 8월 29일

영국, 청나라와 난징 조약 체결

광저우廣州·푸저우福州·샤먼廈門·닝보寧波·상하이上海 등 5개 항을 개항한다. 홍콩을 영국에게 할양한다. 공행公行 제도를 폐지한다. 이제까지 중국에서 일방적으로 명목을 붙여 징수해 온 관세를 일정률로 한다.

-난징 조약

1840년 영국과 청나라 사이에 아편 전쟁이 일어나 영국이 승리했다. 그리고 1842년 8월 29일에 영국 군함인 코인올리스호에서 영국 전권 대사 헨리 포틴저(Henry Pottinger : 1789~1856)와 청나라 전권 대사 기영(耆英 : 1787~1858), 이리포(伊里布 : ?~1841)가 난징 조약을 체결하였다.

난징 조약은 모두 13조로 되어 있으며, 영국은 5항의 개항, 배상금 2,100만 달러 지불, 공행 폐지, 관세 협정, 홍콩 할양 등을 얻어냈다.

또 아편 문제 때문에 전쟁이 발생하였지만 조약상에 아편 문제가 언급되지 않아 영국 상인은 아편을 밀수할 수 있었고 청 정부는 이를 조사할 수 없게 되었다.

이 조약은 외국이 중국에게 강요한 첫 번째 불평등 조약이었다. 계속하여 미국과 프랑스 등도 영국을 모방하여 청 정부에 강압을 행사함으로써 청 정부는 그들과도 각각 불평등 조약을 체결하였다.

* 1840년 6월 16일 '청나라와 영국, 아편 전쟁을 일으키다' 참조

1526년 8월 29일

헝가리 왕국,
모하치 전투에서 오스만 제국에게 대패

헝가리군은 오랜 기간 동안 남동부 유럽에 대한 오스만 제국의 침략에 저항하였다. 그러나 1521년 베오그라드와 샤뱌츠가 함락된 것은 헝가리 남부의 대부분이 방어할 수 없는 상황에 처했음을 의미했다.

오스만 제국의 세력 확장에 반격하기 위해 헝가리-보헤미아의 왕 러요시 2세(Lajos II : 1506~1526)는 1522년 오스트리아의 마리아와 결혼하여 오스만 제국과의 전쟁에서 합스부르크 오스트리아의 힘을 빌리고자 하였다. 그러나 오스만 제국은 발칸에서 그들이 결성한 동맹의 힘이 커지는 것을 위험하게 보고는 이 동맹을 분쇄시킬 계획을 세웠다.

터키의 정권을 장악한 후 오스만 제국의 술탄인 술레이만 1세(Süleyman I : 1494~1566)는 헝가리인들에게 두 번의 평화 협정을 제안하였다. 하지만 러요시 왕은 술래이만 1세의 평화 협정을 거부하였다.

이에 1526년 6월 말, 술레이만 1세가 이끄는 오스만 제국군은 다뉴브 강을 건너 원정을 위한 진군을 시작했다. 그리고 이들은 8월 29일 헝가리의 모하치 근교에서 치열한 전투를 벌였다. 이 전투에서 러요시 2세가 전사하였고, 헝가리 왕국군은 오스만 제국군에게 완패하였다.

그 후 오스만 제국은 수십 년 동안 오스만 제국과 오스트리아의 합스부르크 군주국, 그리고 트란실바니아 공국의 헝가리 분할을 야기하였다.

1929년 8월 29일

독일의 비행선 쩨펠린호, 세계 일주에 성공

독일의 비행선 제작자 페르디난트 폰 쩨펠린(Ferdinand Adolf August Heinrich Graf von Zeppelin : 1838~1917)은 1838년 바덴 주 콘스탄츠에서 태어났다. 그는 슈투트가르트의 공업학교를 거쳐 루트비히스부르크의 육군사관학교에 들어갔다.

이후 그는 군사 연구를 위해 유럽 각지를 여행하였고, 1891년 육군 중장으로 퇴역한 후 경식 비행선 연구에 몰두하였다.

그리고 마침내 1900년 7월에 알루미늄으로 골격을 만들고 그 위를 두꺼운 천으로 감싼 뒤 여러 개의 수소가스 주머니를 집어넣는 경식 비행선을 개발하였다. 1차 세계 대전이 발발하자 독일군은 '쩨펠린'호를 정찰 · 폭격 등에 이용하기도 하였다.

1917년 쩨펠린은 폐렴으로 사망하였지만 쩨펠린 비행선은 발전을 거듭하였다.

1929년에는 독일의 휴고 에케너가 쩨펠린호를 타고 세계 일주에 도전하였다. 8월 8일 미국 뉴저지 주 레이크호스트를 출발하였고 독일과 일본을 경유하여 8월 29일에 레이크호스트에 무사히 도착했다.

하지만 1937년 5월 비행선 힌덴부르크호가 추락함으로써 이후로 쩨펠린이 설계한 형식의 비행선은 쓰이지 않게 되었다.

* 1915년 5월 31일 '독일, 영국 런던에 최초로 쩨펠린 비행선 공습' 참조
* 1937년 5월 6일 '독일 비행선 힌덴부르크호 공중 폭발' 참조

8월의
모든 역사

8월 30일

—

1918년 8월 30일

러시아의 블라디미르 레닌이 피격당하다

—

-러시아 상트페테르부르크에서 연설하는 블라디미르 레닌

1917년 3월 15일 니콜라이 2세(Aleksandrovich Nikolai Ⅱ : 1868~1918)
는 퇴위를 선언하였고, 제정 러시아는 붕괴하였다. 바로 1917년의 '3
월 혁명'이었다. 이로써 전제 군주의 권력은 임시 정부와 소비에트로
이양되었으며, 러시아에는 세계 최초의 사회주의 국가 소비에트 사회
주의 공화국 연방이 성립하게 되었다. 그 구심점에는 블라디미르 레닌
(Vladimir Ilich Lenin : 1870~1924)이 있었다.

레닌은 1870년 볼가 강변에 있는 심비르스크에서 교육자의 아들로
태어났다. 본명은 블라디미르 일리치 울리아노프Vladimir Ilich Ulyanov이고,
레닌이란 이름은 1902년부터 사용하였다.

그는 1887년 카잔 대학교에 입학했으나 학생 운동으로 퇴학당하였
다. 이후 레닌은 게오르기 플레하노프(Georgii Valentinovich Plekhanov :
1856~1918)가 1870년대에 러시아에 도입한 마르크스주의를 연구하여
마르크스주의자가 되었다.

그리고 황제 알렉산드르 3세(Aleksandr Ⅲ : 1845~1894)의 암살 계획에
참여했던 맏형 알렉산드르 울리아노프(Alexandre Ulianov : 1866~1887)
가 처형당하자 이후 혁명에 뜻을 두기 시작하였다

그 후 레닌은 1903년 벨기에 브뤼셀과 영국 런던에서 열린 러시아 사
회민주당 제2차 대회에서 당원 자격 문제로 율리 마르토프(Julius Martov :
1873~1923)와 대립하였다. 이후 레닌은 과격 정당파이자 다수파인 볼셰
비키가 되었고, 마르토프는 소수파인 멘셰비키에 가담하였다.

레닌은 1905년 제1차 러시아 혁명 직후 일단 귀국하였다가 1907
년 다시 망명하여 주로 스위스에 머물면서 연구와 저술에 종사하였다.
1917년 3월 혁명 직후 레닌은 독일이 제공한 봉인열차를 타고 러시아
로 귀국하였다.

레닌은 러시아 혁명을 성공적으로 이끈 이듬해인 1918년 8월 30일 모스크바에 있는 한 공장을 찾아 노동자들을 상대로 연설을 했다.

그가 연설을 마치고 공장 건물을 나서 자신의 차에 오를 무렵, 젊은 여성의 소리가 들렸다. 레닌은 소리가 들리는 방향으로 고개를 돌렸다.

그 순간, 세 발의 총성이 연이어 울렸다. 두 발의 총알은 각각 왼쪽 어깨와 턱에 명중하였고, 한 발은 옷자락을 스치고 빗나갔다. 레닌은 곧바로 쓰러졌다.

범인은 파니 카플란(Fanny Yefimovna Kaplan : 1890~1918)이라는 28세의 여성이었다. 그녀는 현장에서 체포되어 비밀경찰에 넘겨졌다. 그녀는 레닌을 반역자로 여겼기 때문에 암살을 계획했다고 진술했다.

카플란은 농민 정당인 사회혁명당 당원이었다. 사회혁명당은 러시아 혁명 이전 볼셰비키 지지파와 멘셰비키 지지 세력으로 갈라졌는데, 카플란은 볼셰비키 반대파에 속했다.

결국 정국 불안을 우려한 볼셰비키 정부는 대대적인 반대 세력 숙청에 나섰다. 볼셰비키 정부는 레닌 암살 미수 사건 사흘 뒤인 9월 2일 '적색 테러'를 공표하였다. 그리고 속전속결로 사건 발생 나흘 만인 9월 3일 카플란을 사형에 처하였다.

적색 테러는 러시아 사회를 큰 공포에 몰아넣었다. 결국 암살 미수 사건은 레닌은 물론 혁명 이후의 러시아에 큰 후유증을 안겼으며, 이후 러시아 11월 혁명이 일어나는 계기가 되었다.

한편 총상을 입은 레닌은 추가 암살 시도를 차단하기 위해 병원이 아니라 크렘린궁으로 이송됐다. 그는 총상은 심했지만 살아남았다. 하지만 후유증으로 인해 6년 뒤인 1924년 54세의 나이로 사망하였다.

* 1917년 3월 15일 '러시아 3월 혁명으로 니콜라이 2세 퇴위' 참조

* 1917년 4월 16일 '블라디미르 레닌, 봉인 열차 타고 러시아로 귀국' 참조

* 1917년 11월 7일 '러시아 11월 혁명이 시작되다' 참조

—

1785년 8월 30일

중국 청대의 정치가 임칙서가 태어나다

—

'먼 친구라도 늘 안부를 묻고, 가난한 친척들이라도 두루 살펴야 할 것이다. 형제와 부부도 그에 맞는 예절이 있어야 한다. 이룬 업적을 잘 지켜야 편안함을 얻을 수 있다. 한자리한다고 해서 다른 사람 앞에서 교만하게 굴지 말아라.'

-임칙서, 아들에게 보내는 편지

임칙서(林則徐 : 1785~1850)는 1785년 8월 30일 중국 푸젠성福建省에서 태어났다. 그는 25세에 과거에 합격하여 강소순무江蘇巡撫 · 양강兩江 · 호광湖廣 총독에 올랐다.

당시 청나라에는 17세기 무렵부터 광저우廣州를 중심으로 서서히 퍼져나간 아편 때문에 골칫거리였다. 이에 청 정부는 아편의 판매와 사용 금지 조치를 내렸지만 뇌물을 먹은 관료들 때문에 전혀 효과를 거둘 수 없었다.

아편 수입은 증가하였고 은銀이 영국으로 빠져나갔다. 그리고 많은 농민들과 군인, 관료들은 아편 중독에 빠져 정상적인 생활을 할 수 없었다.

그래서 황제 도광제(道光帝 : 1782~1850)는 아편 문제를 해결하기 위해 지방에 있는 관료들에게 의견을 물었다. 이때 임칙서는 아편을 엄격하게 금지해야 한다는 글을 올렸고, 황제는 그를 전권대사인 흠차대신으로 임명하여 아편의 밀수입을 금지시키기로 결정하였다.

도광 19년인 1839년 임칙서는 광주에 파견되었다. 그는 서양인과 무역할 수 있도록 허가를 받은 공행公行에게 포고문을 내렸다.

"너희들은 '앞으로 영원히 외국 상인들로부터 아편을 반입하지 않겠습니다. 명령을 어길 경우, 사형을 받고 재산은 모두 몰수해도 좋습니다'라는 내용의 서약서를 3일 이내에 제출하라. 만약 서약서를 제출하지 않으면 너희들이 오랫동안 간사한 외국 상인과 결탁하여 사리사욕을 채운 죄로 삼가 황제의 명을 받들어 처형하고 재산을 몰수할 것이다."

그리고 백성들과 외국 상인들에게도 아편 금지에 관한 포고문을 내렸다. 임칙서는 실제로 밀수입 업자를 잡아 사형에 처하였고, 영국 상인들이 가지고 있던 아편을 몰수하여 2만여 상자를 불태웠다.

그러자 영국 정부는 1840년 여름에 함선을 파견하여 아편 전쟁을 일으켰다. 전쟁에 대비해 임칙서는 전투 준비를 하였으나 당황한 청 정부는 임칙서를 파면하였다. 임칙서는 모든 관직에서 박탈당하였고 유배까지 당하였다.

하지만 다시 관직을 회복하여 1845년에 그는 섬감陝甘 총독이 되었고, 1850년 태평천국의 난을 진압하라는 명령을 받고 임지인 광서廣西로 가는 도중에 사망하였다.

* 1840년 6월 16일 '청나라와 영국, 아편 전쟁을 일으키다' 참조

1999년 8월 30일

동티모르, 독립 투표를 실시하다

1999년 8월 30일 동티모르에서는 독립 찬성 여부를 묻는 주민 투표가 국제연합UN의 감시 아래 실시되었다. 그 결과, 78.5%라는 압도적 다수가 독립을 지지하였다.

하지만 독립을 반대하는 민병대는 동티모르 전역에서 학살과 방화를 자행하였다. 이 때문에 인구의 3분의 1이 피난을 떠났다.

결국 UN 다국적군 수천 명이 동티모르에 파견돼 치안 회복 활동을 벌이고 인도네시아군이 철수하면서 평온을 되찾았다.

이어 인도네시아 최고 정책 결정 기구인 국민협의회MPR가 10월 20일 동티모르의 독립을 승인하였다. 인도네시아에 강점된 지 23년 만이었다.

그리고 2002년 4월 치러진 대통령 선거에서 사나나 구스마오(Xanana Gusmao : 1946~)가 초대 대통령으로 당선되었고, 그에 따라 5월 20일 동티모르는 신생 독립국으로 출범하여 21세기 첫 독립 국가가 되었다.

* 2002년 5월 20일 '동티모르, 신생 독립국으로 출범' 참조

1963년 8월 30일

미국의 워싱턴과 소련의 모스크바 간 핫라인 개통

1963년 8월 30일 미국의 워싱턴과 소련의 모스크바를 연결하는 직통 텔레타이프 통신선, 즉 핫라인hot line이 설치되었다. 미국과 소련의 우발적인 핵전쟁을 방지하고 중요한 사항을 양국의 정상이 직접 대화로 해결하기 위해서였다.

1962년에 미국과 소련 간에 발생한 쿠바 미사일 위기가 직접적인 계기가 되었으며, 후르시초프(Nikita Sergeyevich Khrushchev : 1894~1971)와 케네디(John Fitzgerald Kennedy : 1917~1963)의 이름을 따서 KK라인이라고도 한다.

1966년 소련은 프랑스와, 1967년에는 영국과 핫라인을 설치하였다.

* 1962년 10월 14일 '쿠바 미사일 사태 발생' 참조

8월의
모든 역사

8월 31일

■
■
■

1993년 8월 31일

중국, 타이완 통일에 관한 백서를 발표하다

중화인민공화국 정부는 중국의 유일한 합법 정부이며 타이완은 중국의 일부이다. '하나의 중국'은 평화적인 타이완 문제 해결의 전제이다. 타이완 문제는 중국의 내정에 속한 것이다. 타이완 문제의 가장 큰 책임은 미국 정부에 있다.

-「타이완 문제와 중국 통일」

현재 중화인민공화국 정부는 중국 대륙과 홍콩, 마카오 지역을 다스리고 있고, 중화민국 정부는 타이완과 그 주변의 섬들을 다스리고 있다.

타이완 문제는 중화민국이 실효적으로 다스리고 있는 타이완의 정치적 지위 및 주권 귀속에 관해 중화민국과 중화인민공화국 사이에서 일어나고 있는 정치 · 역사 · 문화 · 외교 등 각 방면의 문제를 가리킨다. 양안 문제兩岸問題라고도 한다.

타이완 문제의 원인은 국공 내전 시기로 거슬러 올라간다. 1949년 중화민국의 국민당 정부는 중화인민공화국과의 국공 내전에서 패배하여 1949년 중국 대륙의 영토를 상실하고 타이완 섬으로 철수하였다. 이후 국민당 정부는 무력을 통한 대륙 재탈환을 위한 준비를 계속하였다.

하지만 그 후 국제사회에서 중화인민공화국의 영향력이 급속히 증대되면서 스스로의 힘으로 대륙을 재탈환하는 것이 불가능해지자 국민당은 대륙과의 제3차 국공 합작을 통한 평화 통일을 주장하였다. 이 때문에 중국과 타이완은 대립 관계를 유지하고 있었다.

그런데 1978년 무렵부터 중국에서 개혁 · 개방 정책이 추진되면서 중국은 1국가에 2개의 체제를 세우자는 '일국양제一國兩制'를 주장하였다.

1993년 8월 31일에는 중국이 타이완과의 관계를 다룬 「타이완 문제와 중국 통일」이라는 백서를 발표하였다. 여기에서 중국은 중국과 타이완의 역사와 문제점, 통일 문제에 관한 기본 입장과 방침 등을 자세히 밝혔다.

이에 대해 타이완은 이듬해 7월 동등한 지위를 인정하는 통일 방안을 요구하는 '대해 양안 관계 설명서臺海兩岸關係說明書'를 발표했다.

중국은 하나지만 그 안에는 대등한 두 개의 정치 실체가 존재하는 것이 엄

연한 현실이며 '타이완'과 '대륙'은 모두 중국의 일부이다. 중국이 말하는 '일국양제'란 본질적으로 지위의 차이가 전제된 주종 관계와 중앙과 지방의 관계를 전제로 하는 것이다. 이 같은 불평등한 구도 속에서는 결국 타이완의 제도가 대륙의 제도에 흡수되는 결과가 초래될 수밖에 없다.

현재 중국의 통일 또는 타이완의 독립 문제라는 양안 문제는 중국과 타이완 외에 미국이 깊숙이 관련되어 있다.

미국은 형식적 측면에서는 중국의 입장인 '하나의 중국' 원칙을 지지하고 있다. 하지만 타이완을 적절히 이용해 중국의 패권을 견제한다는 전략으로 양안 문제에 접근하고 있다.

—

1939년 8월 31일

폴란드 글라이비츠 방송국 습격 사건 발생

—

1939년 5월 독일 나치의 총통 아돌프 히틀러(Adolf Hitler : 1889~1945)는 전군 최고 지휘관을 소집한 자리에서 폴란드 공격을 결심하였다. 이에 전쟁의 명분이 필요하다고 생각한 그는 친위대 장관 하인리히 힘러(Heinrich Himmler : 1900~1945)에게 공작을 지시하였다.

그래서 힘러는 8월 31일 저녁 8시, 독일군에게 폴란드 군복을 입혀 폴란드 국경에 이웃한 글라이비츠의 라디오 방송국을 습격하도록 하였다.

이들은 건물 안에 있던 직원들과 경비원을 꽁꽁 묶고 방송을 통해 '폴란드가 독일에 전쟁을 선포한다, 폴란드인이여 궐기하라!'는 내용의 폴란드어 선언문을 낭독하였다. 요란한 총성과 함께 이들이 사라지고 난

뒤 방송국 건물 앞에는 사살된 폴란드 군인 시체 한 구가 발견되었다.

　같은 날 밤 11시, 독일 베를린에서는 나치의 선전 장관 파울 괴벨스 (Paul Joseph Goebbels : 1897~1945)가 국내외 기자들을 모아 놓고 긴급 기자회견을 열었다.

　"이런 식의 테러는 용납할 수 없으며 독일 민족의 사기는 꺾이지 않을 것
　이다. 그리고 폴란드는 그 대가를 치르게 될 것이다."

　그리고 다음 날인 9월 1일 새벽, 독일 육군은 전격적으로 폴란드 국 경을 넘었고 수도 바르샤바에는 독일 폭격기의 폭탄이 떨어졌다. 이로 써 6년간 수천 만 명의 목숨을 앗아간 제2차 세계 대전이 일어났다.

　히틀러의 폴란드 침공에 빌미가 되었던 글라이비츠 방송국 습격 사건 은 독일이 패망한 뒤 열린 뉘렌베르크 전범 재판에서 전모가 드러났다.

1997년 8월 31일

영국의 전 왕세자비 다이애나,
파리에서 자동차 사고로 사망

　1997년 8월 31일 영국의 전前 왕세자비 다이애나 스펜서(Diana Frances Spencer : 1961~1997)가 프랑스 파리에서 교통사고로 사망했다.

　0시 35분쯤 다이애나와 영국 해로드 백화점의 후계자이자 그녀의 애 인인 도디 알 파예드(Dodi Al Fayed : 1955~1997)가 탄 승용차가 오토바 이를 타고 따라오던 파파라치들을 따돌리려고 질주하다 에펠탑 인근

알마 다리 터널의 중간 기둥과 벽을 차례로 들이받았다.

그 사고로 알 파예드와 운전사는 현장에서 사망했고 경호원은 중상을 입었으며 다이애나는 병원으로 옮겨졌으나 과도한 흉부 출혈로 오전 4시쯤 숨을 거뒀다.

다이애나는 1961년 스펜서 백작과 프랜시스 사이에서 3남 1녀 중 막내로 태어났다. 유치원 보모로 일하던 그녀는 스물한 살의 나이로 1981년 7월 29일 찰스(Charles Philip Arthur George Windsor : 1948~) 왕세자와 '세기의 결혼식'을 치렀다.

하지만 그녀는 찰스 왕세자와의 계속된 불화와 엄격한 왕실 생활 때문에 우울증에 걸려 5차례나 자살을 기도했다.

결국 1992년 12월 찰스와 공식 별거에 들어간 다이애나는 결국 1996년 8월 정식 이혼했다. 그리고 이혼 1년 만인 1997년 8월 31일 36세를 일기로 사망한 것이었다.

영국 왕실은 사상 처음으로 국기를 반기로 게양하고 엘리자베스(Elizabeth II : 1926~) 여왕도 이례적으로 대국민 연설을 통해 애도를 표했다.

사고 일주일 뒤 치러진 다이애나의 장례식에는 추모객 2,000여 명이 참가한 가운데 황실장으로 치러졌다. 다이애나의 유해는 영국 중부 앨소프 소재 스펜서가 영지 내 조그만 섬에 안장됐다.

1957년 8월 31일

영국의 식민지 말레이시아 연방 독립

말레이시아의 기원은 15세기 초에 건국한 말라카 왕국이다. 그러나 16세기 이후 서양 세력의 침입으로 말라카 왕국은 붕괴되었다.

18세기에는 영국이 말레이시아의 주도권을 잡기 시작하여 1867년에 영국의 식민지가 되었다. 말레이시아는 제2차 세계 대전 중에 잠시 일본군에게 점령당했으나 일본 패망 후 다시 영국의 지배를 받았다.

그러나 2차 세계 대전 후 독립 운동이 일어나 1955년 총선을 거쳐 1957년 8월 31일에 싱가포르를 제외한 11주가 통합하여 독립하였다.

이후 복잡한 민족 구성과 이에 따르는 민족 사이의 경제 활동 차이 때문에 많은 문제점이 생기기도 하였다.

하지만 화교 자본을 통한 경제 발전을 이룩한 말레이시아 연방은 2012년 현재 1967년에 결성된 동남아시아 국가연합ASEAN의 중심 국가로서의 역할을 잘 수행하고 있다.

* 1967년 8월 8일 '동남아시아 국가연합이 결성되다' 참조

8월의 모든 역사_세계사

초판 1쇄 인쇄 2012년 8월 1일
초판 1쇄 발행 2012년 8월 5일

지은이 이종하

펴낸이 김연홍
펴낸곳 디오네

출판등록 2004년 3월 18일 제313-2004-00071호
주소 121-865 서울시 마포구 연남동 224-57
전화 02-334-7147 **팩스** 02-334-2068
주문처 아라크네 02-334-3887

ISBN 978-89-92449-96-0 03900